★ 어린이를 위한 최신 시사용어 가이드 ★

NEWS

똑똑하게

신문 속 세상 읽기

저자 김순영 신연우

다양한 주제의 신문읽기로 어휘력 향상

최신 시사용어 학습으로 지식의 폭 넓히기

신문을 읽고 이해하는 분석적 사고능력 배양

창조와 지식

PREFACE

여러분, 안녕하세요!

「어린이를 위한 최신 시사용어 가이드: 똑똑하게 신문 속 세상 읽기」에 오신 것을 환영합니다. 이 책은 여러분이 뉴스에서 자주 듣는 중요한 단어와 주제를 쉽게 이해할 수 있도록 도와주는 특별한 친구가 되어줄 거예요.

아는 만큼 보이는 세상

세상에 대해 알면 알수록 더 많은 것을 볼 수 있고 이해할 수 있다는 말이 있어요. 뉴스도 마찬가지입니다. 우리가 뉴스를 더 잘 이해하려면 중요한 단어와 주제들을 알아야 해요. 그래서 이 책은 여러분이 뉴스에서 자주 나오는 용어들을 쉽게 배울 수 있도록 구성되어 있답니다.

이 책의 목적은 무엇일까요?

세상에는 많은 뉴스가 쏟아져 나오고 있어요. 여러분이 정말로 중요한 뉴스를 고를 수 있는 능력을 키우는 것이 이 책의 목표입니다. 중요한 뉴스를 선택하려면 핵심 시사용어들을 알아야 해요. 이 책을 통해 여러분은 뉴스를 더 잘 이해하고, 중요한 용어들을 익히며, 스스로 생각하고 표현하는 능력을 키울 수 있을 거예요. 즐겁게 배우고, 새로운 것을 발견하는 멋진 시간이 되길 바랍니다.

이 책의 구성

이 책은 세 가지 파트로 나뉘어 있어요.

각 파트는
우리 실생활에 꼭 필요한
용어들을 다룹니다.

각 장은 다음과 같은 형식으로 구성되어 있어요.

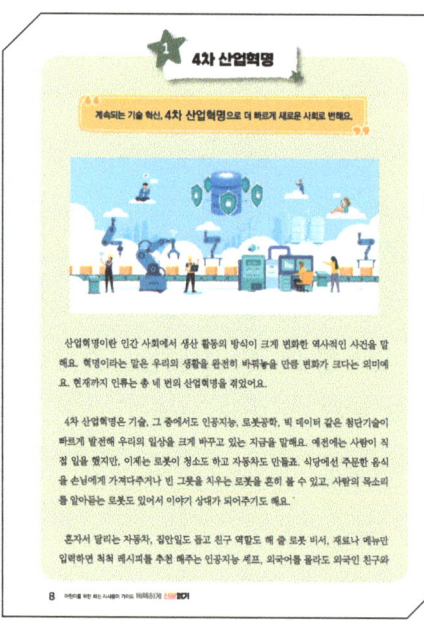

용어 소개 및 정의 설명

각 장은 중요한 용어를 소개하며 시작합니다. 뉴스에서 자주 나오는 단어들을 쉽게 이해할 수 있도록 간단하고 명확한 정의를 제공합니다.

더 알아보기와 함께 알아보기를 통해 심도있게 이해

용어의 정의를 이해한 후에는 "더 알아보기" 섹션을 통해 그 용어를 깊이 있게 배울 수 있습니다. 여기에서는 그 단어의 배경과 왜 중요한지를 설명합니다.

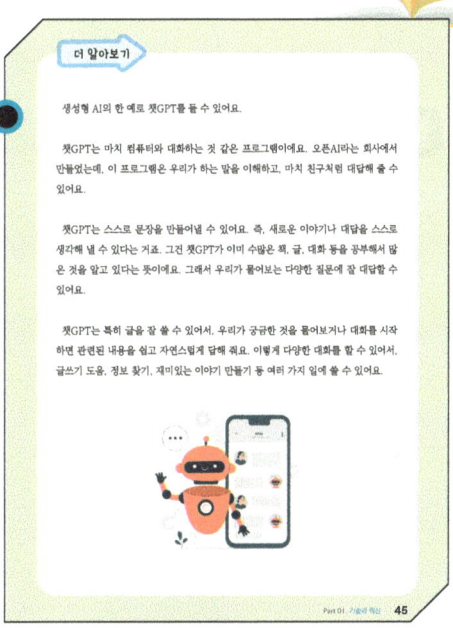

신문에서는 어떻게 사용되는지 확인

각 장에서는 신문기사에서 그 용어가 어떻게 사용되는지 예시를 제공합니다. 이를 통해 여러분은 그 용어가 실제 상황에서 어떻게 쓰이는지 직접 볼 수 있습니다.

내가 쓰는 신문기사

마지막으로, 여러분이 직접 신문기사를 써볼 수 있는 공간이 마련되어 있어요. 배운 용어를 사용하여 자신만의 기사를 써보는 연습을 할 수 있답니다.

CONTETNS

Part 01
기술과 혁신

4차 산업혁명 _10

가상현실(VR) _16

디지털 리터러시 _20

딥테크 _24

로봇공학 _28

메타버스 _32

빅테크 _35

사물인터넷(IoT) _38

사이버 보안 _41

생성형 AI _46

소셜 미디어와
소셜 네트워킹 서비스(SNS) _50

인공지능(Artificial Intelligence) _55

자율주행 _60

재생 에너지 _64

전기차 _68

첨단기술 _72

Part 02
경제, 경영, 산업

국내총생산(GDP)과 국민총생산(GNP) _78

디지털 경제 _82

명목소득/실질소득 _86

블랙스완 효과 _90

빅맥지수 _94

세계의 중앙은행 _98

엥겔지수 _102

유통기한과 소비기한 _106

인플레이션 _109

주식시장 _114

체리슈머 _118

크라우드펀딩 _122

팬덤경제 _126

Part 03
정치, 사회, 문화

고령화 사회 _132

네버랜드 신드롬 _135

뉴 노멀 _139

다양성과 포용성 _143

디지털 격차 _147

밈(Meme) _150

소득양극화 _154

소프트파워 _157

알파세대 _161

인구절벽 _165

재택근무 _168

크리에이티브 에이징 _172

페르소나 _176

FOMO/FOBO _182

UN 국제기구 _186

Part 01

기술과 혁신

4차 산업혁명

> 계속되는 기술 혁신, **4차 산업혁명**으로 더 빠르게 새로운 사회로 변해요.

산업혁명이란 인간 사회에서 생산 활동의 방식이 크게 변화한 역사적인 사건을 말해요. 혁명이라는 말은 우리의 생활을 완전히 바꿔놓을 만큼 변화가 크다는 의미예요. 현재까지 인류는 총 네 번의 산업혁명을 겪었어요.

4차 산업혁명은 기술, 그 중에서도 인공지능, 로봇공학, 빅 데이터 같은 첨단기술이 빠르게 발전해 우리의 일상을 크게 바꾸고 있는 지금을 말해요. 예전에는 사람이 직접 일을 했지만, 이제는 로봇이 청소도 하고 자동차도 만들죠. 식당에선 주문한 음식을 손님에게 가져다주거나 빈 그릇을 치우는 로봇을 흔히 볼 수 있고, 사람의 목소리를 알아듣는 로봇도 있어서 이야기 상대가 되어주기도 해요.

혼자서 달리는 자동차, 집안일도 돕고 친구 역할도 해 줄 로봇 비서, 재료나 메뉴만 입력하면 척척 레시피를 추천 해주는 인공지능 셰프, 외국어를 몰라도 외국인 친구와 자유롭게 대화할 수 있게 해 주는 AI 통역기처럼 이미 우리 생활의 많은 부분들이 더 편리하고 더 새롭게 바뀌고 있어요.

 앞으로 이런 기술들이 계속해서 발전하면 변화의 속도는 더 빨라지고 그동안 상상 속에서만 가능했던 일들이 점점 더 많이 현실로 일어나게 될 거예요.

 '4차 산업혁명'이라는 말은 2016년에 처음 나왔어요. 이 말을 처음 한 사람은 클라우스 슈밥(Klaus Schwab)이라고 하는데, 세계경제포럼을 만든 사람이에요. 세계경제포럼은 스위스의 다보스라는 도시에서 매년 1월에 열리는데, 그래서 '다보스 포럼'이라고도 불려요. 이 포럼은 세계의 유명한 기업인, 경제학자, 기자, 정치인들이 모여서 세계 경제에 대해 이야기하고 생각을 나누는 곳이에요.

더 알아보기

그럼 4차 산업혁명이 일어나기 전, 1차, 2차, 3차 산업혁명은 언제 일어났는지, 그때에는 인류 사회에 어떤 변화가 있었는지 좀 더 알아볼까요?

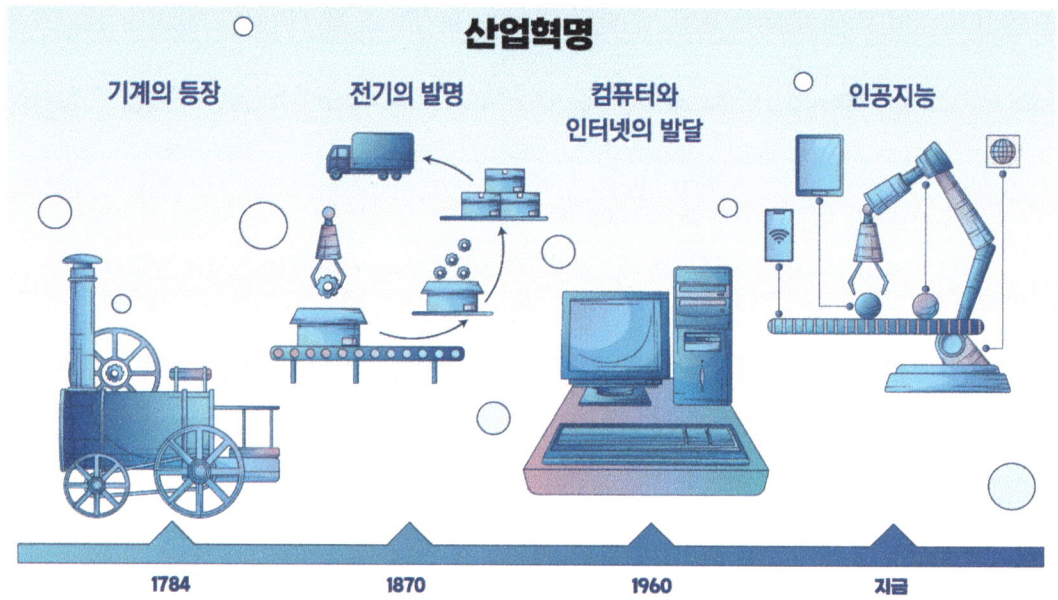

1차 산업혁명을 한마디로 요약하면 "기계의 등장"이에요. 대략 1760년대부터 1차 산업혁명 시대라고 하는데, 이 시기에 영국에서 증기기관이 발명되면서 아주 큰 변화가 일어나게 되었어요. 모든 일을 사람의 손으로 하는 가내수공업이나 농업이 중심이었다가 기계의 힘을 빌릴 수 있게 되면서 공장이 생겨나기 시작했어요. 철도와 증기선이 등장해 먼 거리까지 이동이 자유롭게 되면서 점점 기계화된 산업사회로 변화하게 된 것이지요. 우리에게 축구 슈퍼스타 박지성 선수로 인해 잘 알려진 영국의 맨체스터는 세계 산업혁명의 중심지였답니다.

2차 산업혁명은 "전기의 발명과 엔진의 등장"이에요. 대략 1870년대부터 미국과 독일을 중심으로 일어난 산업의 변화를 말해요. 이 시기에는 석유와 전기, 그리고 내연기관 엔진이 산업의 중심이 되었어요. 전기를 발명한 토머스 에디슨, 자동차를 발

> 더 알아보기

명한 헨리 포드, 그리고 전화를 발명한 알렉산더 그레이엄 벨이 모두 이 시기의 과학자이자 발명가들이었어요. 백열등과 형광등, 건전지, 라디오, 전화기, 텔레비전, 플라스틱, 자동차, 비행기 등 일일이 나열하기 어려울 만큼 우리생활의 기본이 되는 거의 모든 문물이 이 시기에 만들어졌어요.

3차 산업혁명은 "컴퓨터의 등장과 인터넷의 발달"로 요약할 수 있어요. 대략 1960년대부터 시작된 정보통신 기술의 급격한 발전과 변화의 시기를 말해요. 이 시기에 들어서면서 IT라는 용어가 사용되기 시작했는데, 정보를 의미하는 인포메이션(Information)과 통신을 의미하는 텔레커뮤니케이션(Telecommunication)의 앞 글자를 딴 것이랍니다. 컴퓨터 기술이 발달하면서 산업의 자동화와 디지털화가 이루어지고, 세계 어디에 있더라도 인터넷을 통해 실시간으로 정보를 나눌 수 있는 시대가 열렸어요. 우리 생활의 필수품이 된 노트북, 태블릿 PC, 스마트폰 같은 발명품들이 이 시기에 나왔지요.

신문에서는 이렇게 쓰여요

AI데일리   2024년 1월 18일

부산항만공사, **4차산업혁명** 기술로 세계 3대 항만 도약 목표

부산항만공사는 2040년까지 세계 3대 항만으로 도약하기 위해 인공지능(AI), 빅데이터 등 4차산업혁명 기술을 적극 도입하겠다고 18일 밝혔다. 공사는 이를 통해 산업과 사람을 연결하는 새로운 패러다임의 변화를 주도하며, 원스톱 토털 서비스 체계 구축으로 관련 산업을 육성하고 서비스 영역을 확장해 글로벌 종합 항만기업으로 발전할 계획이다.

부산항만공사는 2040년을 향한 부산항의 미래상을 6대 목표로 제시했다. 이는 세계적인 해양 허브로 자리잡기 위한 청사진으로, 첫째, 물동량 3700만 TEU의 세계 2대 환적 중심 항만으로 성장, 둘째, 부산항과 가덕신공항, 내륙운송을 연계한 트라이포트 거점 복합물류항만으로 발전, 셋째, 고품질 친환경 종합 서비스 항만으로 자리매김, 넷째, **4차 산업혁명** 기술 기반의 스마트 항만으로 변모, 다섯째, 비즈니스 및 해양관광 공간 조성을 통한 가치 창출 도시 항만으로 발전, 여섯째, 항만물류산업 성장 선도 항만이다.

또한 공사는 미래항만 패러다임 선도, 항만부가가치 극대화, 항만산업 생태계 육성, 효율과 성과 중심의 기관혁신 등 4대 전략 방향도 함께 발표했다. 이러한 전략들을 통해 부산항이 세계적으로 경쟁력 있는 종합 항만기업으로 거듭나겠다는 포부를 밝혔다.

내가 쓰는
신문 기사

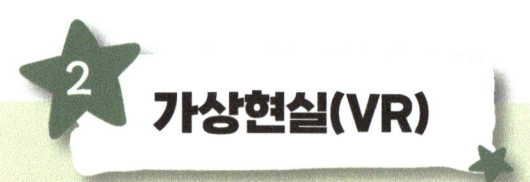 가상현실(VR)

> 컴퓨터가 만들어 놓은 **가상 세계**에 들어가서 실제와 같은 체험을 할 수 있어요

가상현실은 마치 우리가 살고 있는 세상처럼 보이지만 실제로는 컴퓨터로 만들어진 세계입니다. 컴퓨터로 만들어 놓은 가상의 세계에서 실제와 같은 체험을 할 수 있도록 해주는 최첨단 기술이에요. 영어로 가상(Virtual)이라는 말과 현실(Reality) 이라는 말의 앞글자를 따서 VR 이라고도 불러요. 컴퓨터 안에서 펼쳐지는 이 마법같은 세계는 특별한 안경이나 헬멧을 착용하면 더 현실적으로 느껴져요.

비디오 게임이나 만화 속 세상으로 들어갔다고 상상해 보세요. 주위를 둘러보면 모든 것이 실제처럼 보이지만 모두 컴퓨터가 만들어 낸 가상의 세상입니다. 가상현실은 게임이나 교육, 의료, 예술 등 다양한 분야에서 활용되고 있어요. 우주여행이나 바다 속 탐험처럼 현실에서는 불가능한 다양한 체험을 할 수도 있고, 환자의 재활 훈련에 활용하기도 하고, 가상공간에서 다양한 예술 작품을 체험할 수도 있어요. 컴퓨터가 만들어 주는 특별한 세상 속 가상현실 체험, 마치 꿈을 꾸는 것처럼 신기하고 재미있는 경험이 되겠지요!

> 더 알아보기

　증강현실이라는 말을 들어봤나요? 가상현실이 컴퓨터가 만들어 낸 가상의 공간으로 우리를 데려가는 것이라면, 증강현실은 현실 세계 위에 가상의 요소를 덧입혀 보여주는 기술이에요. 스마트폰을 통해서나 또는 증강현실을 위한 특수 안경을 끼고서 현실 세계를 보면서도 그 위에 추가 정보나 가상의 물체를 겹쳐서 볼 수 있는 걸 말해요. 이렇게 하면 현실 세계와 가상 세계가 하나로 합쳐져서 더욱 흥미로운 경험을 할 수 있게 되지요.

　증강현실에서는 여러분이 현실 세계를 계속해서 인식하면서 가상 요소를 추가하는 것이기 때문에, 두 세계 간의 연결이 유지돼요. 그래서 현실과 가상이 조화롭게 결합된 경험을 할 수 있지요.

신문에서는 이렇게 쓰여요

AI데일리   2024년 1월 23일

디즈니, 혁신적인 **가상현실**(VR) 이동 솔루션 '홀로타일' 공개

세계적인 엔터테인먼트 기업 디즈니가 가상현실(VR) 경험을 한층 향상시킬 수 있는 혁신적인 이동 솔루션을 발표했다. 지난 22일(현지시간), 테크크런치 등 여러 매체에 따르면, 디즈니 연구소는 자사의 디즈니 파크 유튜브 채널을 통해 '홀로타일'이라는 새로운 VR 이동용 타일을 공개했다.

기존의 VR 기술은 사용자에게 다양한 현실을 체험하게 해주는 강력한 도구지만, 가상 환경 내에서의 자유로운 이동이 어렵다는 현실적인 한계가 존재했다. VR 헤드셋을 쓴 사용자가 실제로 걸음을 걸어 이동하려고 하면 벽에 부딪히거나 가구에 걸려 넘어지는 등의 안전 문제가 발생할 수 있기 때문이다. 이러한 이유로 메타 퀘스트를 비롯한 대부분의 VR 장비는 손에 든 별도의 컨트롤러를 통해 가상현실 속에서만 이동하도록 설계되어 있었다. 이는 사용자 경험에 있어 몰입감을 저하시킬 수 있는 요소로 작용했다.

디즈니가 이번에 공개한 홀로타일은 이러한 문제를 해결하기 위한 획기적인 기술로 주목받고 있다. 홀로타일은 사용자들이 VR 헤드셋을 착용한 상태에서도 물리적 공간의 제약 없이 자유롭게 이동할 수 있도록 돕는다.

이를 통해 사용자들은 단순히 **가상현실**을 체험하는 것을 넘어, 그 속에서 자유롭게 이동하고 상호작용할 수 있는 새로운 차원의 경험을 누릴 수 있을 것이다.

디즈니는 그동안 애니메이션, 영화, 테마파크 등 다양한 분야에서 혁신적인 기술을 선보이며 전 세계 팬들에게 놀라움과 감동을 선사해 왔다. 디즈니의 연구개발(R&D) 능력을 다시 한 번 입증하는 사례로 평가받는 이번 발표로 가상현실을 활용한 엔터테인먼트, 교육, 훈련 등 다양한 분야에서 새로운 가능성을 열어줄 것으로 예상된다.

내가 쓰는
신문 기사

디지털 리터러시

> 컴퓨터나 인터넷처럼 스마트한 기계들을
> 잘 알고 똑똑하게 쓸 수 있는 **우리의 슈퍼 파워**예요!

디지털 리터러시란, 컴퓨터나 스마트폰, 인터넷 같은 디지털 세상을 잘 알고, 똑똑하게 사용할 수 있는 우리의 능력이에요. 이것은 마치 비밀의 열쇠와 같아서, 우리가 디지털 세상에서 다양한 문을 열 수 있게 도와줘요.

- 정보 찾기: 인터넷은 거대한 도서관 같아요. 디지털 리터러시를 통해 우리는 맞는 책(정보)을 빠르게 찾을 수 있어요.
- 게임과 학습: 컴퓨터나 태블릿으로 게임을 하거나 새로운 것을 배울 수 있어요. 이것도 디지털 리터러시의 일부랍니다.
- 안전하게 놀기: 인터넷에는 재미있는 것들이 많지만 위험한 것들도 있어요. 우리의 개인 정보를 안전하게 지키고, 좋지 않은 내용으로부터 자신을 보호하는 방법을 배우는 것이 중요해요.

디지털 리터러시는 우리가 디지털 세상에서 스마트하게 놀고, 배우고, 소통할 수 있게 해주는 마법 같은 능력이에요. 그래서 우리는 이 마법의 능력을 잘 배우고, 현명하게 사용해야 해요!

더 알아보기

　디지털 리터러시는 단순히 기술을 사용하는 방법을 넘어서, 디지털 환경에서 정보를 효율적으로 찾아내고, 평가하고, 사용하며, 생성하는 능력을 포함해요. 여기 몇 가지 추가적인 중요한 개념들이 있어요.

　첫째, 인터넷에서는 전 세계 어디에서나 수많은 정보를 손쉽게 얻을 수 있어요. 하지만 그 중에는 신뢰할 수 없는 정보도 많기 때문에 적절한 출처를 찾아내고 검증하는 능력이 필요해요.

　둘째, 문제를 해결하려면 먼저 문제를 이해하고 해결 방안을 모색해야 해요. 이때 디지털 도구를 활용하면 더 빠르고 정확한 결과를 얻을 수 있어요. 예를 들어, 수학 문제를 풀 때 계산기나 프로그래밍 언어를 사용하면 더욱 효율적으로 할 수 있죠.

　셋째, 현대 사회에서는 혼자서 모든 일을 처리하기 어려워요. 다른 사람과의 소통과 협력이 필수적인데, 디지털 도구를 활용하면 멀리 떨어져 있는 사람과도 쉽게 소통하고 협업할 수 있어요.

　넷째, 디지털 도구를 활용하면 기존과는 전혀 다른 방식으로 생각하고 아이디어를 구현할 수 있어요. 이를 통해 창의성과 상상력을 발휘할 수 있으며, 새로운 가치를 창출할 수 있답니다.

신문에서는
이렇게 쓰여요

AI데일리   2024년 1월 26일

국립어린이청소년도서관, 독서문화 확산과 **디지털 리터러시** 교육 강화

국립어린이청소년도서관이 2024년 독서문화 확산과 정보격차 해소를 위한 다양한 활동을 대폭 강화할 예정이다. 이 도서관은 특히 정보접근성이 떨어지는 유아와 청소년을 위한 지원을 중심으로 새롭게 사업을 추진한다고 밝혔다.

먼저, 유아와 청소년을 위한 독서 지원으로 정보사각지대에 있는 유아(18개월 이하) 양육 수용자와 수용자 자녀에게 도서를 지원하는 프로그램을 시작한다. 또한, 학교와 가정 밖 청소년들을 위해 소년보호기관과 협력하여 책꾸러미를 제공하고 독서문화 프로그램을 지원하는 사업을 새롭게 추진한다.

이와 더불어 변화하는 현장 수요와 초거대 인공지능(AI) 기술의 확산에 맞춰 디지털·미디어 리터러시 교육과정을 확대 개편할 예정이다. 이번 개편에는 AI 기술 윤리 교육과 AI 기반 콘텐츠 창작을 포함한 총 6개의 '인공지능 리터러시' 교육과정이 신설되어 디지털 시민성 강화를 중점으로 한 교육이 이루어질 것이다.

기존 **디지털 리터러시** 교육과정도 대폭 확대된다. '숏폼 콘텐츠 크리에이터 양성 과정'이 새롭게 신설되며, 수준별 크리에이터 양성과정, 전자책 제작과 영상편집 교육과정 증설 등 총 33개 과정 119회에 걸쳐 확대 운영된다.

국립어린이청소년도서관의 이러한 노력은 독서문화의 진흥과 정보격차 해소에 기여할 뿐만 아니라, 디지털 시대에 맞는 새로운 교육과정을 통해 미래 인재 양성에 큰 역할을 할 것으로 기대된다.

내가 쓰는
신문 기사

딥테크

> 깊은 연구를 바탕으로 한 **근본적인 기술 혁신**을 의미해요

딥테크는 정말 멋지고 새로운 기술을 말해요. 이 기술들은 우리가 문제를 해결하거나 새로운 것을 만들 때 더 좋은 방법을 찾도록 도와줘요. 예를 들어, 딥테크에는 컴퓨터가 스스로 생각하는 방법(인공지능), 로봇, 특별한 재료, 그리고 병을 고치는 새로운 방법 같은 것들이 있어요. 딥테크의 주요 특징을 알아볼까요?

딥테크는 새로운 아이디어에서 출발해서 지금까지 우리가 알지 못했던 새로운 것들을 만들어내요.

이런 멋진 기술을 만들려면 많은 시간과 노력, 그리고 자금이 필요해요. 오랜 연구와 실험, 그리고 실패를 거쳐 기술 혁신이 이루어지는 것이랍니다.

이런 딥테크 기술들은 우리 생활을 훨씬 더 편리하게 만들고 새로운 방법으로 문제를 해결하게 도와줘요.

더 알아보기

 '깊은 연구를 바탕으로 한 혁신적인 기술'이라는 의미의 딥테크와 유니콘 기업을 합쳐 딥테크 유니콘이라고 해요. 딥테크 유니콘은 딥테크 분야에서 특별한 기술을 개발하고, 그 가치가 10억 달러(약 1조 원) 이상인 스타트업 회사를 말해요. '유니콘'이라는 단어는 실제로 존재하지 않는 상상 속의 동물을 뜻하는데, 여기서는 마치 꿈같이 드문 성공을 이룬 회사들을 의미해요.

 이런 회사들은 로봇, 인공지능, 생명공학 같은 정말 어려운 기술을 개발해요. 그리고 이 기술들로 세상에 없던 새로운 제품이나 서비스를 만들죠. 이렇게 멋진 것을 만들기 때문에 많은 사람들이 이 회사들에 투자하고 싶어하고, 회사 가치가 매우 높아져요.

 딥테크 유니콘 회사들은 우리 생활을 더 좋게 만들고, 때로는 큰 문제들을 해결하는 데 도움을 줄 수 있어요. 예를 들어, 병을 더 잘 치료할 수 있는 새로운 약을 만들거나, 환경을 보호하는 새로운 방법을 찾는 것이죠.

AI데일리   2024년 2월 5일

한국 딥테크 벤처·스타트업, 새로운 해외 진출 전략 필요

디지털 기술의 고도화로 인해 한국의 딥테크 벤처·스타트업이 기존의 수출 방식만으로는 해외 진출에 성공하기 어렵다는 분석이 나왔다. 현지 스타트업과의 합작법인(JV)을 통해 효율적인 마케팅을 펼치는 것이 중요하다는 것이다.

지난 26일 서울 여의도 콘래드 서울 호텔에서 열린 머니투데이 글로벌 콘퍼런스 '2024 키플랫폼'에서 '애니타임 애니웨어 애니웨이(Anytime, Anywhere, Anyway) 혁신기술 기업의 글로벌 성장'을 주제로 기조강연에 나선 김종갑 글로벌 디지털 혁신 네트워크(GDIN) 대표는 "디지털 사회로 세상이 바뀌었지만, 여전히 해외 진출에 대해선 '수출'이란 단어에 매몰돼 있다"며 이를 강조했다.

김 대표는 "디지털 사회에서는 물리적 공간이 더 이상 필요하지 않다"며 "마케팅을 대행하고 현지의 디지털 전환 수요에 맞춰 우리 기술을 접목해줄 큐레이터가 필요하다"고 밝혔다. 그는 현지 오피스 설립 대신, 신뢰할 수 있는 현지 파트너와 로컬 특화 마케팅을 통해 글로벌 시장에 진출할 것을 제안했다.

GDIN은 ICT(정보통신기술) 분야 벤처·스타트업의 해외 진출을 돕는 재단법인으로, 지난 10년 동안 3000개에 가까운 스타트업을 지원해 왔다. 전 세계에 43건의 해외 파트너십을 체결하고, JV 26곳을 설립한 경험을 바탕으로, 한국 딥테크 기업의 파트너를 발굴하고 있다.

한국의 딥테크 기술력에 대한 수요는 튀르키예, 브라질, 말레이시아 등 디지털 전환(DX)에 관심이 많은 국가에서 늘고 있다. 김 대표는 "인류 사회가 디지털 사회로 넘어가며, 포용적이고 차별 없는 사회를 만드는데 한국 기업의 기술력이 반드시 필요하다"며 "기술에서 소외되는 지역이 생기지 않도록 딥테크를 응용해 격차를 완화하고, 한국의 기술이 세계의 흐름을 주도할 것"이라고 강조했다.

**내가 쓰는
신문 기사**

로봇공학

> 인간의 삶을 편리하게 만들어 줄
> **로봇을 만들기 위해** 연구하는 분야예요.

로봇공학은 영어로는 로보틱스(Robotics)라고 하는데, 로봇을 만들고, 만들어진 로봇들이 어떻게 움직일지를 연구하고 개발하는 분야예요. 로봇은 스스로 일을 하거나 사람이 조금만 도와줘도 되는 똑똑한 기계들이에요. 로봇공학에서 사용되는 로봇들은 목적에 따라 다양한 크기와 모양일 수 있어요. 로봇공학 분야의 목표는 공장에서 제품을 만드는 일부터, 병원에서 환자를 돕는 일, 새로운 곳을 탐험하는 일, 심지어 집안일까지 사람의 일을 도와주거나 그 일을 대신 할 수 있는 로봇을 만드는 것이랍니다.

우리의 생활에 도움이 될 로봇을 만들기 위해서는 창의력과 논리적 사고, 수학능력, 컴퓨터 프로그래밍 능력 등 다양한 지식과 능력이 필요해요. 그리고 때때로는 사람이나 동물처럼 행동할 수 있도록 생물학적인 지식까지 필요해요. 이런 지식들을 바탕으로 목적에 맞는 크기와 기능을 갖춘 로봇을 설계하고, 컴퓨터 언어로 로봇에게 명령을 내려 원하는 대로 움직이고 일을 하게 할 수 있어요.

> 더 알아보기

    로봇공학과 인공지능은 서로 다르면서도 중요한 기술 분야예요. 로봇공학은 기계인 로봇을 만들고, 이 로봇이 스스로 움직이거나 일을 할 수 있게 하는 기술이에요. 예를 들어, 로봇이 자동으로 장난감을 집어서 옮기는 것과 같은 일을 합니다.

    반면에, 인공지능은 컴퓨터가 사람처럼 생각하고 배울 수 있게 만드는 기술이에요. 이를 통해 컴퓨터는 스스로 문제를 해결하고, 언어를 이해하며, 이미지를 인식하거나 자율 주행 자동차를 운전하는 등의 복잡한 작업을 할 수 있죠.

    간단히 말해서, 로봇공학은 로봇이라는 물리적인 기계를 다루는 기술이고, 인공지능은 컴퓨터가 사람처럼 생각하고 학습할 수 있게 하는 기술입니다. 두 기술은 서로 다르지만, 종종 함께 사용되어 더욱 똑똑하고 자동화된 기계를 만드는 데 도움을 줍니다.

AI데일리   2024년 1월 21일

첨단 **로봇**이 운영하는 무인 노래방, 미래가 현실로

인공지능(AI) 기반 자율주행 전문 테크기업 힐스로보틱스가 33년간 노래방 산업을 주도해 온 선진음향과 함께 '세계 최초 K-컬쳐 지능형 AI 뮤직박스 로봇운영시스템' 구축사업을 공동진행하기로 했다고 밝혔다. 선진음향은 전통적인 무인 코인노래방을 대대적인 디지털트렌스포메이션(DX)으로 재설계 작업 중으로, 여기에 힐스로보틱스의 지능형 서비스로봇 기술을 더해 시너지 효과를 낼 것으로 기대된다.

기존의 무인 코인노래방은 누구나 출입이 자유로운 공간으로 여러 위험요소와 관리 문제가 끊이지 않고 지적되었다. 최근 양사에서 소개한 무인 노래방은 로봇 기술을 활용하여 이런 문제를 해결할 수 있을 것으로 보인다. 손님이 방문하면 서비스로봇이 빈 방 여부를 확인해 안내하고, 손님이 퇴실하면 청소로봇과 방역로봇이 노래방을 청결하게 유지하는 것이다. 여기에는 힐스로보틱스의 안내로봇인 하이봇, 방역로봇인 코로봇, 그리고 청소로봇인 크린봇 등이 투입된다.

양사는 향후 지능형 자율주행 서비스로봇 중심 체제 도입을 가속화한다. 업계에서는 지능형 서비스로봇이 투입된 무인 노래방이 미래의 트렌드로 자리 잡을 것이라 예상하고 있다. 양사에 따르면 전통적인 노래방과 코인노래방을 합치면 약 4조원 규모에 달하는 시장이 혁신적인 디지털 전환을 맞이하게 되는 것이다. 여기에 뮤직박스 시장까지 더하면 약 5만6000개의 사업장을 기반으로 한 8조원 규모의 시장이 열리는 것이다.

내가 쓰는
신문 기사

6 메타버스

> 가상세계와 현실세계가 만나는 곳이에요

메타버스는 가상 세계와 현실 세계가 합쳐진 개념이에요. "메타"는 초월한다는 의미이고, "유니버스"는 '세계, 우주'를 의미하는데, 이 두 가지를 합쳐서 만들어낸 말이에요. 메타버스라는 말은 1992년에 닐 스티븐슨의 소설 "스노 크래시"에서 처음 사용되었어요. 현실 세계에서 가능했던 사회, 경제, 문화적인 활동이 3차원 가상 세계인 메타버스에서도 모두 동일하게 이루어져요.

메타버스는 가상현실(VR)보다 진보된 개념으로 이해할 수 있어요. 메타버스 내에서는 아바타를 통해 일부터 오락까지 모든 것을 할 수 있거든요. 메타버스는 현실과 비현실이 공존하는 생활형, 게임형 가상 세계로 폭넓게 사용되죠.

정확한 정의는 아직 확립되지 않았지만, 다양한 학자와 기관에서 각자의 정의를 내리고 있어요. 예를 들어, 우리나라에서는 메타버스를 "가상 자아인 아바타를 통해 경제, 사회, 문화, 정치 활동 등을 이어가는 4차원 가상 시공간"으로 정의하고 있어요. 메타버스는 미래의 디지털 세계에서 더욱 중요한 역할을 할 것으로 기대돼요.

신문에서는
이렇게 쓰여요

AI데일리 2024년 5월 24일

2024년 6월, **메타버스**에서 만나는 설악산 오색케이블카

설악산 오색케이블카를 메타버스에서 미리 체험할 수 있는 기회가 생긴다. 2023년 11월 착공식을 치른 설악산 오색케이블카를 가상현실인 '메타버스 플랫폼 제페토(ZEPETO)'에서 만나볼 수 있게 됐다.

강원도 양양군은 전 세계인이 즐길 수 있는 가상현실 공간 '설악산 오색케이블카 월드'를 메타버스 플랫폼 제페토에 구축하고 있다.

메타버스는 '가상'을 의미하는 '메타(Meta)'와 '우주'를 뜻하는 '유니버스(Universe)'의 합성어로, 현실 세계처럼 사회와 문화 활동이 이루어지는 3차원 가상 세계를 말한다. 특히, MZ세대의 놀이 문화로 자리잡고 있다.

설악산 오색케이블카 월드는 하부정거장, 제1정거장, 제2정거장, 상부정거장으로 구성되며, 각 정거장마다 특색 있는 콘텐츠와 게임 등을 제공해 가상공간을 방문하는 이들에게 특별한 즐거움을 선사할 계획이다.

양양군은 이 가상현실 공간을 통해 설악산 오색케이블카뿐만 아니라 지역 축제와 관광지도 홍보할 계획이다. 설악산 오색케이블카 월드는 5월에 시범 운영을 거친 후, 6월에 네이버 **메타버스** 플랫폼 제페토를 통해 전 세계에 공개될 예정이다.

군 관계자는 "가상현실로 구현된 설악산 오색케이블카 월드가 많은 사람들에게 사랑받고 지역을 홍보할 수 있는 공간으로 거듭나길 바란다"는 기대를 피력했다.

내가 쓰는
신문 기사

빅테크

> 인터넷으로 소통하고, 쇼핑하며, 게임하고, 영화를 보는 등
> 우리의 일상을 편리하게 해주는 **아주 큰 컴퓨터 회사들을 말해요**

빅테크는 아주 큰 컴퓨터 회사들을 말해요. 주로 미국의 아마존, 애플, 구글, 페이스북(지금은 메타라고 불려요), 마이크로소프트, 테슬라, 엔비디아 같은 곳들이에요. 이 회사들은 컴퓨터와 인터넷으로 우리 생활을 편하게 만들어 줘요. 예를 들어, 인터넷으로 친구들과 이야기하거나, 쇼핑을 하고, 게임을 하고, 영화를 보는 것이 이 회사들 덕분이에요.

구글은 검색 엔진을 만들어놓아 우리가 인터넷에서 정보를 찾을 때 도움을 주고, 페이스북은 친구들과 소통하고 사진을 공유할 수 있는 플랫폼을 운영하고 있어요. 아마존은 온라인에서 다양한 상품을 쉽게 살 수 있도록 해주는 쇼핑 사이트를 운영하고, 애플은 스마트폰이나 컴퓨터 등 다양한 기기를 만들어 판매하고 있어요.

빅테크 회사들은 전 세계에서 돈도 가장 많이 벌고, 많은 사람들에게 중요해요. 우리가 매일 사용하는 많은 것들이 이 큰 회사들에서 만든 거랍니다.

신문에서는
이렇게 쓰여요

AI데일리   2024년 1월 29일

빅테크의 AI 투자, 미·유럽서 강력한 규제 논의

미국과 유럽이 빅테크 기업들의 AI 스타트업 투자에 대한 강력한 규제를 논의하고 있다.

최근 뉴욕타임스에 따르면, 미국 연방거래위원회(FTC)는 마이크로소프트(MS), 아마존, 구글 등 빅테크 기업들의 AI 스타트업에 대한 대규모 투자를 조사 중이다. 이번 조사는 빅테크의 AI 투자가 시장 경쟁을 왜곡시키거나 경쟁법을 위반하는지 여부를 확인하기 위한 것이다.

유럽연합(EU)도 이 같은 움직임을 보이고 있으며, MS의 오픈AI 투자에 대한 반독점법 조사를 예고했다. 이는 미국과 유럽이 2020년대에 **빅테크** 기업들을 상대로 지속적인 독점 규제를 시도해 온 것과 연결된다. 미 하원도 2020년에 독점 행위를 강도 높게 비판하며 빅테크에 대한 압박을 가한 바 있다.

한편, 국내에서는 아직까지는 오프라인 중심 경제 시스템 시대의 규제 기준에서 벗어나지 못하고 있다. 공정거래법은 시장점유율을 기준으로 하여 '1개 사업자의 시장점유율이 50% 이상이거나 3개 이하 사업자의 시장점유율의 합이 75% 이상'일 경우를 지배적 사업자로 추정한다는 내용을 담고 있다.

내가 쓰는 신문 기사

8 사물인터넷(IoT)

> 일상생활에서 사용되는 사물들이 인터넷을 통해
> 서로 연결되어 **정보를 주고받는 것**을 말해요.

사물인터넷이라는 말은, 우리 주변의 물건들이 마법처럼 인터넷으로 서로 이야기를 할 수 있다는 뜻이에요. 즉, 장난감, 세탁기, 전등 같은 '물건들'이 컴퓨터나 스마트폰처럼 인터넷을 통해 '연결되어' 서로 정보를 주고받고, 우리에게 새로운 기능을 보여주는 거예요.

마치 물건들이 인터넷이라는 거대한 마법의 세계에 살고 있어서, 자동차, 세탁기, 냉장고, 가방, 나무, 책상처럼 우리 주변의 모든 것들이 친구처럼 서로 이야기를 나눌 수 있게 되는 거예요. 이렇게 되면, 각각의 물건들이 혼자서는 할 수 없었던 새로운 일들을 할 수 있게 돼요. 이렇게 모든 물건들이 서로 연결되어 서로 도와주고, 우리 생활을 더 편리하고 재미있게 만들어 준답니다.

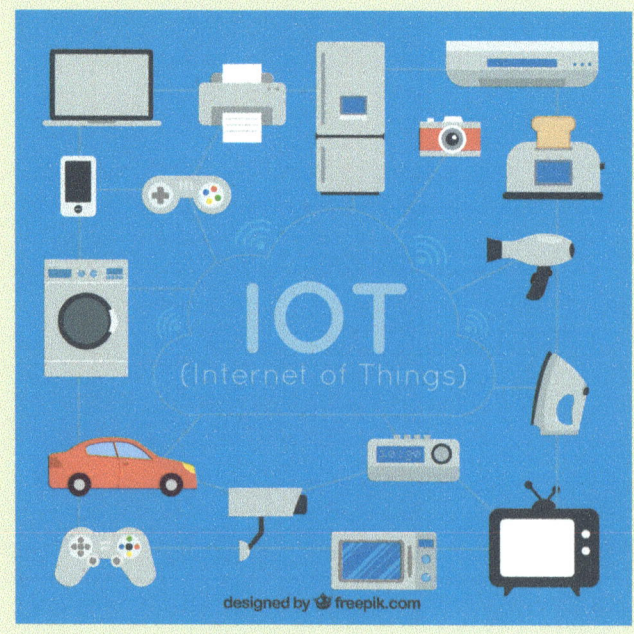

신문에서는 이렇게 쓰여요

AI데일리   2023년 11월 20일

수원시, **사물인터넷** 활용해 어린이 보호구역에 '스마트폰 사용 제한' 시행

경기 수원시가 어린이 보호구역에서의 안전한 보행 환경 조성을 위해 사물인터넷(IoT) 기술을 활용한 '스마트폰 사용 제한' 스쿨존을 구축한다고 발표했다. 스마트폰 사용제한 스쿨존은 9개 초등학교 어린이 보호구역을 대상으로 하며, 블루투스 장치를 설치해 어린이들이 스마트폰을 보며 걷는 것을 방지하는 사업이다. 스마트폰에 보행안전앱을 설치하면, 어린이 보호구역에서 보행하는 중에는 모든 앱이 작동되지 않으며, 통화는 가능하다.

이번 사업은 국토교통부가 주관하는 '스마트시티 혁신 기술 발굴사업' 공모에 수원시의 '**IoT(사물인터넷)** 기반 어린이 보행 중 스마트폰 사용제한 스쿨존 구축'이 선정되어 추진되는 것이다. 2024년 6월까지 천천초, 호매실초, 고색초, 곡반초, 화홍초, 매현초, 매탄초, 효동초, 태장초등학교의 어린이 보호구역에 시스템을 구축할 예정이며, 사업비로 4억 1000만원(전액 국비)이 투입된다.

수원시 관계자는 "스마트폰을 보며 고개를 숙이고 걷는 어린이들이 많아 위험한 상황이 자주 발생한다"며 "스마트 기술을 활용해 어린이들이 안전하게 보행할 수 있는 환경을 만들 것"이라고 말했다.

내가 쓰는
신문 기사

9 사이버 보안

> 학교의 안전 지킴이처럼 **디지털 세계**에도 **안전 지킴이**가 있어요

컴퓨터나 스마트폰을 사용하다 보면 인터넷을 통해 여러 가지 정보를 주고받아요. 이때 누군가 나쁜 마음을 먹고 우리가 주고받는 정보를 몰래 엿보거나, 허락 없이 내 컴퓨터에 접속하거나 바이러스를 퍼뜨려 컴퓨터를 망가뜨릴 수도 있어요. 이런 위험을 막기 위해서 필요한 것이 바로 "사이버 보안"이에요.

인터넷에는 많은 사람들과 기업들이 서로 정보를 공유하고 소통하는데 이러한 과정에서 개인정보나 회사 기밀 등 중요한 정보들이 노출될 위험성이 존재해요.

예를 들어, 여러분이 학교 숙제를 하기 위해 인터넷에서 자료를 찾고 있을 때 해커가 여러분의 컴퓨터에 악성 코드를 심어놓고 비밀번호나 개인정보를 몰래 가져갈 수 있어요. 또한, 인터넷 쇼핑몰에서 물건을 구매할 때도 신용카드 번호나 주소 등의 개인정보가 유출될 수 있고 이로 인해 금전적인 손실을 입을 수도 있어요. 이런 상황을

방지하기 위해 우리는 백신 프로그램을 설치하고 암호화 된 통신을 사용하는 등 다양한 방법으로 사이버 보안을 강화해야 해요.

　요약하자면, 사이버 보안은 우리가 온라인에서 활동하면서 발생할 수 있는 여러 가지 위협으로부터 자신과 타인의 재산과 권리를 보호하기 위해 매우 중요한 역할을 해요. 따라서 우리는 항상 주의 깊게 대처하고 적극적으로 보안 조치를 취해야 한답니다.

더 알아보기

우리생활의 모든 분야가 인터넷으로 연결되면서 개인정보의 보호가 점점 더 중요해지고 있어요. 개인정보는 크게 두 가지로 나눌 수 있는데, 첫 번째는 이름, 주소, 전화번호처럼 개인에 대한 객관적인 정보로 "고유식별정보"라고 불러요. 두 번째는 개인의 감정이나 사상, 신념, 가치관, 건강 등에 대한 정보로 이를 "민감정보"라고 불러요.

디도스 공격에 대해 들어본 적이 있나요? 디도스 공격은 여러 컴퓨터가 한 웹사이트나 서버에 동시에 엄청난 양의 정보를 보내는 거예요. 이로 인해 그 웹사이트나 서버가 너무 바빠져서 정상적으로 일을 못 하게 되는 것이지요. 웹사이트나 서버가 마비되면 사람들이 정상적으로 사용할 수 없게 되어 서비스를 방해하고 큰 혼란을 일으킬 수 있어요.

온라인 게임 서버가 갑자기 작동을 멈췄다거나, 인터넷 뱅킹 서비스가 갑자기 접속이 안되는 경우처럼 디도스 공격은 인터넷 상에서 중요한 서비스를 방해하는 심각한 문제예요.

대표적인 사이버 위협에는 세 가지가 있어요.
- 멀웨어: 컴퓨터를 망가뜨리는 바이러스나 랜섬웨어 같은 나쁜 프로그램
- 피싱: 사람들을 속여서 개인정보를 빼내려고 하는 가짜 이메일
- 해킹: 허락 없이 컴퓨터나 시스템에 몰래 접속하는 것

신문에서는 이렇게 쓰여요

AI데일리   2023년 6월 2일

한미, 사이버보안 강화…
사이버보안 공동지침 체결

국방부와 합동참모본부가 한미 연합지휘통제체계의 안정적 연동과 사이버보안 강화를 위해 주한미군사령부와 사이버보안 공동지침을 마련하고, 이를 명시한 합의각서를 교환했다.

이번 지침은 한미 군 당국 간 최초의 사이버보안 공동지침으로, 우리 군의 연합지휘통제체계(AKJCCS)와 미군의 한국전구 범세계연합정보교환체계(CENTRIXS-K) 간의 안정적 연동을 보장하기 위한 것이다. 이는 미군이 범세계적으로 운용하는 CENTRIXS 체계를 중심으로 다른 파트너 국가와 맺는 최초의 사이버보안 공동지침이기도 하다.

국방부 지능정보화정책관실은 2021년부터 3년간 한미 국방부 정보통신기술(ICT) 협력위원회 및 사이버워킹그룹을 통해 미국과 다수의 논의를 거쳐 공감대를 형성했다. 이를 통해 한미 양국은 각자의 연합지휘통제체계에 대한 보안평가 결과를 최초로 상호 공유하며 신뢰의 토대를 마련했다.

기존에는 한미 간 지휘통제체계를 연동할 때 **사이버보안** 기준을 구체적으로 명시하지 않고, 연동 데이터에 대해 양해각서를 작성해 체계를 연동했다. 그러나 이번 사이버보안 공동지침을 통해 체계 연동 시 필요한 사이버보안 절차를 명확히 규정함으로써, 사이버보안이 보장된 환경에서 연동할 수 있도록 개선했다.

특히, 연동 중인 체계에서 사이버 위협이 식별될 경우 상대국에게 통보하고, 위협 정보를 교환하도록 명시해 사이버보안의 실행력을 높였다. 이를 통해 그간 논의해온 한미 사이버보안 협력이 가시화되었다.

한미 양국은 이번 사이버보안 공동지침을 통해 자국 체계에 대한 위협이 상대국 체계에 대한 위협과 동일하다는 것을 상호 이해하고, 사이버보안 강화를 위해 지속적으로 협력하기로 했다. 또한, 자국의 사이버보안 평가 결과를 신뢰하며 공유함으로써 사이버보안 분야에서 한미 신뢰를 크게 증진시켰다.

내가 쓰는
신문 기사

생성형 AI

> 인공지능이 스스로
> **새로운 글, 그림, 음악 등을 만들어내는 기술**이에요

생성형 AI는 스스로 새로운 내용을 만들어낼 수 있는 인공지능을 말해요. 이런 AI는 글쓰기, 그림 그리기, 음악 만들기 같은 창의적인 일을 할 수 있어요. 예를 들어, 여러분이 원하는 이야기의 주제를 말해주면, 생성형 AI는 그 주제에 맞는 글을 쓸 수 있어요. 또는 특정 그림 스타일을 요청하면, 그 스타일로 그림을 그려줄 수도 있죠.

이런 AI는 많은 정보를 배우고 그 정보를 바탕으로 새로운 것을 만들어내는데, 이 과정에서 인간의 창의성과 비슷한 결과를 내기도 해요. 하지만 생성형 AI가 만든 것은 항상 인간의 감독과 판단이 필요해요. 예를 들어, AI가 쓴 글이나 그린 그림을 사람이 검토하고, 그 내용이 적절한지, 재미있는지를 결정하죠.

생성형 AI는 교육, 엔터테인먼트, 디자인 등 다양한 분야에서 사용될 수 있어요. 이 기술이 발전함에 따라, 우리는 더 많은 창의적인 작업을 AI와 함께 할 수 있게 될 거예요.

> 더 알아보기

생성형 AI의 한 예로 챗GPT를 들 수 있어요.

챗GPT는 마치 컴퓨터와 대화하는 것 같은 프로그램이에요. 오픈AI라는 회사에서 만들었는데, 이 프로그램은 우리가 하는 말을 이해하고, 마치 친구처럼 대답해 줄 수 있어요.

챗GPT는 스스로 문장을 만들어낼 수 있어요. 즉, 새로운 이야기나 대답을 스스로 생각해 낼 수 있다는 거죠. 그건 챗GPT가 이미 수많은 책, 글, 대화 등을 공부해서 많은 것을 알고 있다는 뜻이에요. 그래서 우리가 물어보는 다양한 질문에 잘 대답할 수 있어요.

챗GPT는 특히 글을 잘 쓸 수 있어서, 우리가 궁금한 것을 물어보거나 대화를 시작하면 관련된 내용을 쉽고 자연스럽게 답해 줘요. 이렇게 다양한 대화를 할 수 있어서, 글쓰기 도움, 정보 찾기, 재미있는 이야기 만들기 등 여러 가지 일에 쓸 수 있어요.

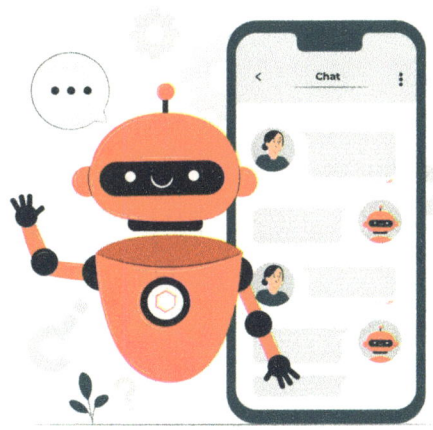

AI데일리 2024년 1월 22일

샘 올트먼, 자체 **생성형 AI** 칩 생산 위해 국제 투자자들과 협력 강화

오픈AI의 CEO인 샘 올트먼이 자체 AI 칩 생산을 목표로 투자자들과의 논의에 박차를 가하고 있는 것으로 알려졌다. 올트먼 CEO는 AI 칩 시장의 절대강자인 엔비디아에 대한 의존도를 낮추기 위해 국제적인 생산 협력 네트워크를 강화하려는 목표를 갖고 있다.

20일(현지시간) 영국 파이낸셜타임스와 미국 블룸버그통신에 따르면, 올트먼 CEO는 최근 중동 투자자 및 대만·일본 기업들과의 협의를 거쳐 새로운 AI 칩 생산 네트워크를 구축하는 방안을 검토 중이다. 잠재적 투자자로는 아랍에미리트의 G42, 대만 TSMC, 일본 소프트뱅크 등이 거론되고 있는 것으로 전해졌다.

블룸버그는 지난해 11월 올트먼이 AI 반도체 회사를 설립하기 위해 중동 지역 등을 돌아다니며 수십억달러의 투자금 유치에 나섰다고 보도한 바 있다. 올트먼이 이런 AI 칩 생산 네트워크 구축을 추진하는 것은 챗GPT 출시 이후 **생성형 AI**에 대한 관심이 급증하면서 AI의 컴퓨팅 능력과 프로세서에 대한 수요 증가로 칩 공급이 부족할 수 있기 때문이다.

올트먼은 G42 한 곳에서만 80억~100억 달러의 자금을 유치하기 위한 논의를 해온 것으로 전해졌다. 그러나 G42와의 협력이 순조롭게 진행될지에는 불확실성이 남아있다. 미국 하원 중국특별위원회는 G42에 대한 수출통제를 검토하며 중국과의 관련성을 강조하고 있다. 이에 따라 올트먼과 G42의 협력이 어떠한 방향으로 이뤄질지에 대한 관심이 높아지고 있다.

내가 쓰는
신문 기사

11. 소셜 미디어와 소셜 네트워킹 서비스(SNS)

> 사람들이 온라인에서 정보를 공유하고 소통하는 **플랫폼**을 말해요

소셜 미디어와 소셜 네트워킹 서비스(SNS)는 종종 같은 의미로 사용되는 말이지만, 그 특징과 범위가 각각 달라요. 이 차이를 이해하는 것이 온라인에서 소통하고 연결하는 방식을 파악하는 데 중요하답니다.

소셜 미디어는 사진, 동영상, 글 등 다양한 내용을 올리고 서로 공유할 수 있는 인터넷 공간이에요. 예를 들어, 유튜브에서는 동영상을 보고, 인스타그램에서는 사진을 많이 올려요. SNS는 친구나 가족, 같은 관심사를 가진 사람들과 관계를 맺고 소통하는데 초점을 맞춘 인터넷 서비스예요.

이 두 가지의 차이점은 소셜 미디어가 내용을 서로 공유하는 데에 중점을 두고 있다면, SNS는 사람들과의 관계 형성에 더 중점을 두고 있다는 거예요. 소셜 미디어를 사용하면 재미있는 영상이나 사진을 많은 사람과 공유할 수 있어요. SNS를 사용하면 친구나 가족, 같은 취미를 가진 사람들과 쉽게 연결되어 대화를 나눌 수 있어요.

이렇게 서로 다른 목적과 기능을 가진 이 두 가지를 잘 이해하고 사용하면, 온라인에서 더 재미있게 소통하고 새로운 친구를 만들 수 있어요!

> 더 알아보기

  소셜 미디어와 SNS는 우리가 다른 사람들과 정보를 공유하고 소통하는 방식, 그리고 온라인에서 관계를 맺는 방법을 크게 바꾸어놓았어요. 각 시기별로 어떻게 발전해왔는지 한번 알아볼까요?

초기 단계(1990년대 후반)
  인터넷의 대중화와 함께 최초의 소셜 네트워킹 사이트들이 등장하기 시작했어요. 최초의 SNS 서비스는 식스디그리즈닷컴(SixDegrees.com)으로 알려져 있는데, 사용자가 프로필을 생성하고, 친구를 추가할 수 있는 최초의 서비스 중 하나였어요. 또한 블로그와 포럼이 생겨나 사람들이 의견을 공유하고 대화를 나눌 수 있는 초기의 온라인 커뮤니티 형태로 인기를 얻었어요.

성장과 확장(2000년대 초반)
  프렌드스터, 마이스페이스 같은 플랫폼이 등장하면서 사용자 기반이 점차 확장되기 시작했어요. 주로 음악, 사진 공유, 개인 프로필 페이지를 통해 사람들이 서로를 찾고 연결하는 데 초점을 두었어요.

  우리가 잘 알고 있는 페이스북이 2004년, 트위터가 2006년에 각각 출시된 이후, 소셜 미디어와 SNS의 개념이 전 세계적으로 폭발적으로 성장했어요. 페이스북은 개인적인 연결을 중심으로, 트위터는 실시간 정보 공유와 공개적인 대화에 초점을 맞추었어요.

다양화와 전문화
  이후에 사진을 공유하는 인스타그램, 순간적인 스토리에 중심을 둔 스냅챗, 전문적인 네트워킹에 특화된 링크드인이 등장하며 소셜 미디어의 세계는 더욱 다양해졌어요. 스마트폰의 보급과 함께 소셜 미디어와 SNS의 사용은 더욱 편리해지고 일상화되

> 더 알아보기

었지요. 최근에는 동영상 공유와 라이브 스트리밍을 위주로 하는 유튜브, 틱톡, 트위치와 같은 플랫폼의 등장으로 새로운 형태의 콘텐츠와 상호작용을 제공하고 있어요.

소셜 미디어와 SNS 사용이 늘어날수록 우리가 꼭 명심해야 할 사항들이 있어요.

- 개인 정보 보호는 필수: 온라인에 자신의 사진이나 개인정보를 올리기 전, 신중하게 생각하고 때로는 부모님이나 선생님의 조언을 구해야 해요.
- 존중과 예의 유지: 소셜 미디어에서 다른 사람의 의견에도 존중을 표하고, 불필요한 악성 댓글이나 부정적인 행동은 삼가해야해요.
- 안전한 컨텐츠 이용: 이상한 링크나 불법적인 내용을 피하고, 이런 것들을 공유하지 않도록 해요.
- 적절한 사용 시간: 소셜 미디어에 너무 많은 시간을 소비하지 않도록 해요.
- 사용 규칙 정하기: 서로의 경험을 공유하고, 안전하게 사용하는 방법에 대해 이야기 해 보면 도움이 돼요.

신문에서는 이렇게 쓰여요

AI데일리   2024년 2월 16일

뉴욕시, **소셜미디어** 기업에 청소년 건강 피해 손해배상 요구

뉴욕시가 틱톡, 인스타그램, 페이스북, 유튜브, 스냅챗 등 주요 소셜미디어 기업을 대상으로 청소년의 정신 건강에 악영향을 끼쳤다며 손해배상 소송을 제기했다. 뉴욕시장 에릭 애덤스는 "소셜미디어 플랫폼이 우리 아이들의 정신 건강을 위협하고 중독을 조장하고 있다"고 비판하며 청소년 예방 교육과 정신 건강 치료를 위한 비용과 함께 징벌적 손해배상금을 요구했다. 뉴욕시는 최근 "담배, 총기와 마찬가지로 소셜미디어는 공중보건 위험요소"라고 규정했다.

미 연방정부와 주 정부들도 **소셜미디어**와의 전면전을 선포하고 있다. 뉴욕주는 소셜미디어 운영 업체가 18세 미만 사용자에게 중독성 있는 알고리즘 기반 게시물을 노출하는 것을 금지하는 규제 법안을 추진 중이며, 뉴저지주 등 12개 주는 소셜미디어 중독 문제를 다루기 위한 위원회를 발족시켰다.

이처럼 소셜 미디어의 영향력에 대한 우려가 높아지고 있는 가운데, 연방정부 소속인 비벡 머시 미국 의무총감 겸 공중보건 서비스 단장은 지난해 소셜미디어에 대한 경고 보고서를 발표하면서, "소셜미디어에 무분별하게 노출될 경우 뇌 발달이 아직 완성되지 않은 어린이와 청소년들이 심각한 영향을 받을 것으로 우려된다"고 경고했다.

내가 쓰는 신문 기사

인공지능(Artificial Intelligence)

> **컴퓨터**가 사람처럼 생각하고 학습하고 판단할 수 있어요.

인공지능은 컴퓨터가 사람처럼 생각하고, 학습하고 말할 수 있게 해 주는 마법 같은 기술이랍니다. 흔히 줄여서 AI라고 불러요. 'AI'는 영어로 '아티피셜 인텔리젼스 (Artificial Intelligence)' 라고 하는데, '만들어진 지능' 이라는 뜻이에요. 그래서 앞 글자를 따서 AI라고 해요.

이 말을 처음 쓰게 된 건 1956년인데, 그해 여름에 미국의 다트머스 대학에서 과학자 10명이 모여 "생각하는 컴퓨터"를 만들자고 처음 이야기했어요. 그때부터 컴퓨터가 스스로 생각하고 배울 수 있게 하는 이 신기한 기술을 인공지능이라고 부르기 시작했답니다.

인공지능이 어떤 기능을 가지고 있는지 알아볼게요.

컴퓨터 프로그램은 사람의 머리와 같은 역할을 해요. 여기에는 수많은 정보와 지식이 담겨 있어요. 어려운 수학 문제를 척척 풀고, 처음 가보는 길을 금방 찾아주고, 온갖 필요한 정보를 바로바로 알려주죠.

컴퓨터의 센서와 카메라는 사람의 눈과 같아서 주변의 사물들을 보고, 주변 상황을 한눈에 파악할 수 있게 해줘요. 사진을 찍고, 동영상도 볼 수 있게 해주죠. 우리가 귀로 소리를 듣는 것처럼 컴퓨터도 사람의 목소리를 인식할 수 있는 기능이 있어요. 그래서 우리가 컴퓨터에게 말을 하면, 그 말을 듣고 답할 수도 있어요. 인공지능 기술은 최근 들어 더 빠른 속도로 발전하고 있어요. 인공지능이 작가처럼 시와 소설을 쓰고, 그림도 그리고, 신문 기사를 쓰기도 해요. 여러분이 즐겨보는 유튜브 프로그램을 기억했다가 관련된 동영상을 추천해 주기도 하고, 인공지능 청소기가 집안일을 도와주기도 해요.

인공지능은 사람이 하는 것보다 훨씬 빠르게, 훨씬 많은 업무를 처리할 수 있기 때문에 시간을 절약해 줘요. 앞으로 인공지능 기술이 더 발전하면 우리 일상생활은 그만큼 더 편리해지겠지요. 하지만 인공지능이 우리의 삶을 무조건 좋게 만들어 줄 것인지에 대해서는 생각해 볼 필요가 있어요. 인공지능 기술이 발전할수록 사람의 일자리를 기계가 대신하게 되어 그만큼 많은 사람들이 일자리를 잃어버릴 수도 있으니까요.

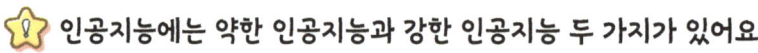 인공지능에는 약한 인공지능과 강한 인공지능 두 가지가 있어요.

약한 인공지능은 특정한 분야에서 정해진 규칙에 따라 학습을 하고, 명령받은 일만을 수행해요. 예를 들어, 바둑을 두는 알파고, 청소하는 로봇처럼 사람의 업무에 도움을 주는 인공지능을 말해요. 강한 인공지능은 사람과 비슷하거나 혹은 사람보다 더 높은 지능을 가진 인공지능으로 스스로 사람처럼 감정도 있고, 판단도 할 수 있는 인공지능이에요. 아직까지는 미래 사회를 그린 영화에서나 등장하죠.

더 알아보기

인공지능을 개발하기 위한 노력은 1950년대부터 시작되었지만 단숨에 성공한 건 아니에요. 성공과 실패를 겪으며 조금씩 발전해오다가 2016년 3월에 인공지능 발전에 역사적으로 기록될 사건이 일어났어요. 그건 바로 인공지능 바둑 프로그램인 알파고와 우리나라 프로바둑기사 이세돌 9단의 바둑 대결이었어요. "인간 대 인공지능"의 대결로 전 세계 많은 사람들의 관심을 끌었던 이 바둑 대국을 앞두고 이세돌 9단이 이길 것이라는 예측이 압도적으로 많았어요. 그러나 예상과는 달리 알파고가 4대1로 승리하며 세상을 깜짝 놀라게 했지요.

알파고가 승리하자 알파고를 만든 구글 딥마인드의 최고경영자 데미스 하사비스는 이렇게 말했다고 해요.

"이겼다. 우리는 달에 착륙했다."

AI데일리   2024년 2월 14일

AI 앵커, 중국 춘제 연휴 메인 뉴스 진행으로 주목

중국의 한 방송국이 중국 최대 명절인 춘제(설) 연휴에 AI 앵커로 메인 뉴스를 진행해 화제를 모았다. 저장성 항저우 TV는 발음은 같지만 뜻이 다른 '샤오위(小雨)'와 '샤오위(小宇)'라는 두 AI 앵커를 기용해 저녁 메인 뉴스 '항저우 신원롄보'를 진행했다. 같은 시간대 뉴스를 진행하는 실제 앵커의 표정, 목소리, 몸짓 등을 본떠 만든 **인공지능(AI)** 앵커의 등장에 "언뜻 보면 실제 사람처럼 보인다"는 반응이 쇄도했다.

중국에서는 관영 신화통신이 이미 지난 2018년 11월 저장성에서 열린 세계인터넷대회에서 'AI 합성 아나운서'를 선보인 바 있으나, 뉴스 프로그램 전체를 AI 앵커가 진행한 것은 이번이 처음이다. 현지 매체는 "AI 앵커가 뉴스를 진행하는 동안 실제 인간 앵커는 집으로 돌아가 새해를 축하할 수 있게 됐다"고 전했다. 이는 인공지능 기술의 빠른 발전과 활용 가능성을 보여주는 사례로 주목받고 있다.

내가 쓰는 신문 기사

자율주행

> 자동차가 운전자 없이도 스마트폰처럼
> <u>스스로</u> 길을 찾고, 멈추고 방향을 바꿀 수 있어요.

　자율주행 기술은 자동차가 마치 스마트폰처럼 <u>스스로</u> 생각해서 앞길을 판단하고, 어디로 가야 할지 결정할 수 있게 해줘요. 운전자 없이도 자동차가 <u>스스로</u> 길을 찾고, 필요할 때 멈추거나 방향을 바꿀 수 있어요. 마치 비디오 게임 속 자동차처럼 혼자서 움직이는 거죠!

　자율주행 차가 <u>스스로</u> 길을 찾아가려면, 마치 로봇처럼 여러 센서와 카메라가 필요해요. 센서는 도로위의 다른 차량이나 보행자, 신호등과 같은 교통 표지판을 인식할 수 있어요. 주위에 무엇이 있는지 알려주고, 얼마나 멀리 있는지도 측정해서 알려줘요. 이런 정보를 바탕으로 언제 속도를 내야할지, 멈춰야할지, 방향을 바꿔야 할지를 결정할 수 있어요. 이 기술의 목표는 운전자의 편의성을 높이고, 교통사고를 줄여서 더 안전한 도로 환경을 만드는 것이에요.

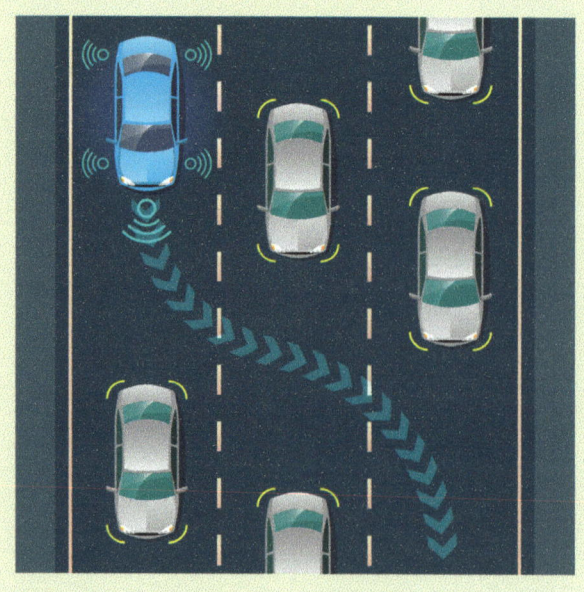

현재 다양한 기업들이 이 자율주행 기술을 발전시키고 있고, 어떤 지역에서는 이미 실생활에 적용되고 있어요. 미래에는 대다수의 자동차가 이런 자율주행 능력을 갖추게 될 거예요. 그때에는 아마 운전의 개념 자체가 바뀌게 되겠지요?

자율주행 차가 아주 멋지긴 하지만, 아직 완벽하진 않아서 조심해야 할 것들이 많아요. 비 오는 날이나 길에 장애물이 있을 때 문제가 생길 수도 있고, 컴퓨터처럼 고장 나거나 누군가 나쁜 짓을 할 수도 있어요. 그래서 차에 탈 때마다 안전벨트를 꼭 매고, 만약을 대비해서 준비하는 게 중요해요. 모두가 이 기술에 관심을 갖고 함께 노력하면 더 좋은 미래가 빨리 올 수 있겠지요.

신문에서는 이렇게 쓰여요

AI데일리   2024년 1월 21일

서울시, **자율주행** 첫차 도입: 새벽 출근길 편의 향상 기대

서울시가 올해 하반기부터 시내버스 첫차에 자율주행을 도입한다. 올해 연말 정식 운행 예정인 '자율주행 새벽 동행버스'는 새벽 시간대 근로자들의 대중교통 편의를 돕고, 운전기사 수급에 어려움이 있는 새벽 시간대 인력난을 해결하기 위한 시도다.

운행 시간은 현재 시내버스 정식 첫차인 3시 50분~4시보다 빠른 약 3시 30분 경이 될 전망으로 새벽 출근길 불편을 해소할 수 있을 것으로 보인다.

서울시는 첫차 혼잡이 심하고, 자율주행 버스 운행 안전성이 높을 것으로 전망되는 지역을 중심으로 운행대상을 선정할 예정으로, 우선적으로는 도봉산역~종로~마포역~여의도역~영등포역 구간(편도 기준 25.7km)을 운행하는 160번이 첫 노선으로 예상된다.

시는 앞으로 교통신호 개방 등 필수 인프라를 구축하고, 국토부와 협의하여 법적 절차인 '자율차 시범운행지구' 지정을 신속하게 마무리하여 최대한 빠른 시일내 승객 탑승을 시작할 예정이다.

이외에도 대표적 새벽 혼잡 노선인 146번, 148번과 유사한 상계~강남·서초 노선으로 운행을 확대하고, 점진적으로 자율주행 상용화와 연계하여 혼잡 노선에 자율주행 버스를 지속적으로 투입한다는 계획이다.

내가 쓰는 신문 기사

14 재생 에너지

> 햇빛, 바람, 비, 조수, 파도, 지열처럼
> **자연 자원을 통해 얻을 수 있는 에너지**를 말해요.

재생에너지는 자연적인 과정을 통해 생성되는 에너지로, 대표적으로 태양, 바람, 물, 지열 등의 자연 자원을 이용하여 생산이 돼요. 이러한 에너지원은 한정된 자원을 사용하지 않으며, 그 사용 과정에서 온실 가스와 같은 환경 오염물질을 배출하지 않는 것이 그 주요 특징이에요.

다양한 재생에너지 종류가 있는데 몇 가지 주요한 것들을 알아볼게요.

- **태양**: 태양에너지는 태양으로부터 발산되는 빛과 열을 이용하여 생산돼요. 태양 전지를 통해 태양광 에너지를 전기로 변환하거나, 태양열을 이용하여 물을 가열하여 열 에너지로 사용할 수 있어요.
- **풍력**: 풍력 에너지는 바람을 이용하여 터빈을 회전시킴으로써 생산이 돼요. 풍력 발전기를 통해 회전하는 터빈의 운동 에너지를 전기로 변환하여 사용해요.
- **수력**: 수력 에너지는 물의 움직임을 이용하여 생산이 돼요. 강물이나 댐 등에서 물의 흐름을 이용하여 수력 발전기를 작동시키고, 이를 통해 전기를 생산하지요.
- **지열**: 지열 에너지는 지하의 열을 이용하여 생산돼요. 지열 발전소에서 지하의 열을 추출하여 수증기를 발생시키고, 이를 터빈을 회전시킴으로써 전기를 생산해요
- **바이오매스**: 바이오매스 에너지는 유기물질을 이용하여 생산돼요. 예를 들어, 나무, 작물 잔디, 동물 배설물 등을 연소하거나 발효시켜 생산된 가스나 알코올을 연료로 사용해요.

더 알아보기

재생에너지가 왜 중요한지 알아볼께요.

재생에너지는 화석 연료를 사용하지 않기 때문에 환경오염을 줄이는 데 도움이 돼요. 그리고 자연적인 자원을 기반으로 하기 때문에 안정적으로 에너지 공급이 될 수 있어요. 재생에너지는 한 번 소비되더라도 자연 과정을 통해 지속적으로 생산될 수 있고 새로운 일자리를 창출하고 경제 성장을 촉진하는 데 기여할 수 있어요. 또한, 에너지 소비의 비용을 절감하고 에너지 수입 의존도를 줄일 수 있지요.

이렇게 재생에너지는 지구를 보호하고 지속 가능한 발전을 위한 중요한 역할을 해요. 앞으로도 재생에너지의 활용이 더욱 확대될 것으로 기대돼요!

신문에서는 이렇게 쓰여요

AI데일리   2023년 12월 12일

한국, COP28서 **재생에너지** 및 에너지 효율 서약 동참

정부가 제28차 유엔기후변화협약 당사국총회(COP28)에서 의장국인 아랍에미레이트(UAE)와 미국, 유럽연합(EU)가 주도하는 '재생에너지 및 에너지 효율 서약'에 동참하기로 했다. 이 서약은 2030년까지 세계가 재생에너지 발전량을 13배 확충하고 에너지 효율을 매년 4%씩 개선한다는 내용을 담고 있다.

외교부 관계자에 따르면 정부는 "(COP28에서) 재생에너지 및 에너지 효율 서약을 포함해 UAE가 주도하는 수소 인증제도에 대한 상호인정과 농업 및 식량, 보건, 다층 협력 등의 5개 이니셔티브에 동참하기로 했다."

한국의 이번 서약은 국가적인 환경 보호와 에너지 전환에 대한 커다란 결의로 평가되며, **재생에너지** 산업의 성장과 환경 보호에 기여할 것으로 기대된다.

앞으로 정부는 이 서약에 따라 국내 재생에너지 산업을 더욱 활성화시키고, 국내 기업들이 글로벌 재생에너지 시장에서 경쟁력을 갖출 수 있도록 정책적 지원을 강화할 방침이다.

내가 쓰는 신문 기사

전기차

> 주유소에서 경유나 휘발유를 넣는 대신 **전기를 충전**해서 자동차가 움직여요.

전기 자동차가 처음 제작된 건 1873년이에요. 휘발유 자동차보다 먼저 만들어졌지만 배터리가 무겁고, 충전하는데 시간이 너무 오래 걸린다는 단점이 있어서 널리 이용되지는 못했어요. 그러다가 1990년대부터 자동차에서 나오는 더러운 공기 때문에 지구가 많이 아파지기 시작했어요. 그래서 지구를 지키기 위해 전기로 움직이는 차를 개발하려는 노력이 다시 늘어나기 시작했어요.

전기차는 달릴 때 매우 조용하고, 나쁜 공기를 만들지 않아서 지구에 좋아요. 충전 한 번으로도 멀리 갈 수 있어 돈도 절약할 수 있답니다. 그런데 지금은 전기차를 사는 데 많은 돈이 들고, 충전할 곳을 찾기가 어려워요. 하지만 나중에는 이런 문제들이 해결되어서 전기차를 타는 사람들이 더 많아질 거예요!

전기차를 충전하는 방법에는 두 가지가 있어요. 첫 번째 방법은 전기차에 플러그를 꽂아 전기를 채우는 건데, 이건 집에서 사용하는 콘센트나 전기차 전용 충전소에서 할 수 있어요. 이 방식으로 충전하면 몇 시간이 걸릴 수도 있어요. 충전기의 종류나 차의 배터리 크기에 따라 달라져요. 두 번째 방법은 배터리 교체 방식이에요. 이 방법은 충전된 배터리로 바로 교체하기 때문에, 매우 빠르게 '충전'할 수 있어요. 놀이터에서 노는 동안 장난감의 건전지를 바꾸듯이, 전기차도 금방 다시 달릴 준비를 할 수 있답니다.

신문에서는 이렇게 쓰여요

AI데일리   2024년 2월 18일

전기차, 친환경 교통수단으로 주목받지만 충전과 배터리 문제에 직면

전기차가 친환경 교통수단으로 주목받고 있지만, 여전히 충전과 배터리 관련 문제에 직면해 있다. 2024년 2월 현재, 전 세계적으로 전기차의 인기는 높아지고 있지만, 충전 인프라의 미비와 배터리 기술의 한계로 인해 아직까지 완전한 대안으로 자리매김하기에는 어려움이 남아있다.

특히, **전기차**의 충전 인프라는 여전히 부족한 상황이다. 충전소의 부족으로 인해 장거리 운전이 어렵고, 충전 시간이 오래 걸리는 문제가 있어 사용자들의 불편을 초래하고 있다. 이에 따라 정부와 기업들은 충전 인프라 확대에 힘을 쏟고 있지만, 문제가 해결되기까지는 상당한 시간이 필요할 것으로 보인다.

또한, 전기차의 배터리 문제도 큰 관심사 중 하나이다. 현재 전기차의 주행 거리와 충전 시간은 배터리 기술에 크게 의존하고 있으며, 이에 따라 배터리의 성능과 수명이 전기차의 성능과 편의성에 직접적인 영향을 미치고 있다. 따라서 배터리 기술의 발전은 전기차 산업의 핵심 과제 중 하나로 지속적인 연구와 개발이 이루어져야 한다.

내가 쓰는
신문 기사

첨단기술

> 현대에 사용되고 있는 **매우 혁신적이고 뛰어난 기술들**을 말해요

첨단이나 최첨단이라는 말은, 어떤 물건이나 기술이 그 시기에 가장 멋지고 최고로 발전한 상태를 말해요. 이 말은 1910년부터 쓰이기 시작했는데, TV나 인터넷 광고에서 많이 들을 수 있어요. 첨단기술은 현대에 사용되고 있는 매우 혁신적이고 뛰어난 기술들을 말해요. 이런 기술들은 우리 일상생활을 놀라운 방식으로 바꾸고 발전시키고 있어요.

- 인공지능 (AI): 인공지능은 기계가 마치 사람처럼 배우고 문제를 풀 수 있게 만든 똑똑한 기술이에요. 예를 들어, 스마트폰에 있는 음성 비서나 카메라로 사람 얼굴을 알아보는 기능도 인공지능 덕분이랍니다. 이런 기술로 기계가 우리와 이야기를 나누거나, 문을 열어주는 열쇠처럼 얼굴을 보고 누구인지 알아볼 수 있어요.

- 로봇공학: 로봇을 만들고 이들이 어떻게 움직일지 가르치는 과학이에요. 로봇은 컴퓨터처럼 생각해서 사람이 시키는 일을 할 수 있는 특별한 기계랍니다. 예를 들어, 공장에서 자동차나 장난감을 만들거나, 사람이 가기 힘든 곳에서 일을 할 수 있어요.

- 3D 프린팅: 컴퓨터에 그린 그림을 가지고 진짜 물건을 만들어 내는 신기한 기술이에요. 이 기술을 사용하면 장난감부터 시작해서 여러 가지 다양한 것들을 만들 수 있어요. 심지어 의사들은 이 기술로 사람 몸에 필요한 부분, 예를 들어 특별한 조직이나 인공 장기 같은 것도 만들 수 있답니다!

- 자율주행 차량: 운전자 없이도 스스로 운전할 수 있는 차에요. 이 차는 교통 규칙도 잘 따르면서, 사람이 운전대를 잡지 않아도 알아서 잘 다닐 수 있어요. 그래서 운전하는 사람이 쉬거나, 차 안에서 다른 재미있는 일을 할 수 있게 해준답니다!

- 가상현실 (VR)과 증강현실 (AR): 가상현실(VR)은 마법의 안경을 쓰고 다른 세상으로 여행할 수 있게 해주는 기술이에요. 거기서는 우리가 상상하는 모든 것을 볼 수 있어요. 증강현실(AR)은 우리가 사는 현실 세계에 화면을 통해 마법 같은 것들을 보여주는 기술이랍니다. 예를 들어, 핸드폰을 통해 보면 동물이나 공룡이 우리 옆에 있는 것처럼 보일 수 있어요

이 멋진 기술들은 게임을 더 재미있게 만들고, 학교 공부를 더 신나게 하며, 의사들이 더 잘 치료할 수 있게 도와준답니다. 미래에는 이 기술들이 더욱 멋지게 발전해서 우리에게 새로운 경험을 많이 가져다 줄 거예요.

신문에서는
이렇게 쓰여요

AI데일리 　　　　　　　　　　　　　　　　　　　　　2024년 2월 10일

첨단기술, 인력난 극복과 경쟁력 강화의 핵심 도구로

기업들이 첨단기술을 적극적으로 활용해 인력난과 경쟁력 강화에 나서고 있다. 4차 산업혁명 시대에 접어들면서, 기존의 생산 방식과 경영 모델은 변화의 필요성을 점차 인식하고 있다. 특히, 인력난으로 고민하는 기업들은 자동화, 로봇공학, 인공지능 등의 첨단기술을 도입하여 생산성을 향상시키고 있다.

기업들은 **첨단기술**을 통해 인력 부족 문제를 극복하고 있다. 자동화 시스템을 도입하여 노동 집약적인 작업을 로봇이 대신 수행하도록 하고 있으며, 인공지능 기술을 활용하여 생산 공정을 최적화하고 효율성을 극대화하고 있다. 이러한 기술의 도입은 기업들이 생산성을 높이고 비용을 절감하는 데 큰 도움이 되고 있다.

뿐만 아니라, 첨단기술을 활용하는 기업들은 경쟁력을 강화하는 데에도 성공하고 있다. 고급 기술을 보유한 기업은 제품의 품질과 기능을 향상시키며 시장에서의 경쟁 우위를 확보하고 있다. 또한, 첨단기술을 통해 새로운 시장을 개척하고 새로운 사업 모델을 창출하는 등 혁신적인 방향으로 경쟁력을 확보하고 있다.

최근의 경향을 보면, 첨단기술을 적극적으로 활용하는 기업들이 급속하게 성장하고 있으며, 이러한 추세는 앞으로 더욱 확대될 것으로 예상된다.

내가 쓰는 신문 기사

Part 02

경제, 경영, 산업

국내총생산(GDP)과 국민총생산(GNP)

> GDP는 우리나라에서 만든 모든 것의 가치이고,
> GNP는 우리나라 사람들이 세계 어디서든 벌어들인 돈의 가치예요.

GDP는 '국내총생산'이라고 하며, 우리나라 안에서 일년 동안 만들어진 모든 물건과 서비스의 가치를 합친 것을 말해요. 마치 학교에서 여러분이 한 해 동안 만든 그림이나 공작물을 모두 모아서 그 가치를 따져보는 것과 비슷해요. GNP는 '국민총생산'이라고 하며, 우리나라 국적의 사람들이 국내는 물론 국외에서 생산한 것도 포함해서 산출해요.

GDP가 높으면 그 나라가 많은 물건과 서비스를 만들어내서 경제가 잘 돌아가고 있다는 뜻이고, GDP가 낮으면 그 반대를 의미해요. 그래서 GDP를 보면 그 나라 경제가 얼마나 잘 되고 있는지 알 수 있어요.

GDP와 GNP는 모두 경제를 측정하는 방법이지만, 조금 다른 점이 있어요.

- GDP (국내총생산): 이것은 한 나라 안에서 일정 기간 동안 만들어진 모든 상품과 서비스의 가치를 말해요. 간단히 말해서, 한 나라의 경계 안에서 벌어진 경제 활동을 모두 합친 것이에요. 예를 들어, 한국에서 한 해 동안 만들어진 모든 것의 가치를 말하죠.

- GNP (국민총생산): 이것은 한 나라의 국민이 일정 기간 동안 만들어낸 상품과 서비스의 총 가치를 말해요. 여기에는 그 나라 안팎에서 벌어진 일이 포함돼요. 즉, 한국 사람이 해외에서 벌어들인 돈도 포함하고, 해외에서 일하는 사람이 한국에서 벌어들인 돈은 빼는 거예요.

- 차이점: 가장 큰 차이는 '어디에서 벌어들인 돈인가'에 있어요. GDP는 '어디에서' 상관없이 한국 안에서 벌어들인 모든 돈을 따지고, GNP는 '누가' 벌어들인 돈인지에 초점을 맞춰서 한국 사람이 전 세계 어디서든 벌어들인 돈을 다 합친 거예요.

이 두 개념은 각 나라의 경제 상태와 국민의 경제 활동을 이해하는 데 도움을 줘요.

AI데일리 2024년 5월 16일

경제 성장률 상승에도 불구, 민생 체감 경기 여전히 냉랭

최근 한국개발연구원(KDI)은 올해 우리나라 경제성장률 전망치를 기존 2.2%에서 2.6%로 상향 조정하며, 경기 회복에 대한 긍정적인 신호를 보냈다. 반면, 국내 경제 실물 상황은 여전히 민생 회복 체감에 한계가 있는 것으로 보인다.

KDI가 지난 5월 16일 발표한 '2024 상반기 경제전망'에 따르면, 올해 경제성장률 상향 조정의 주요 원인은 반도체 수출의 증가이다. 한국은행에 따르면, 1분기 **국내총생산(GDP)**은 전분기 대비 1.3% 증가하며, 연율 기준 5.3%의 고성장을 기록했다. 이는 예상보다 높은 성장률로, 경제협력개발기구(OECD)와 한국금융연구원 역시 성장률 전망치를 각각 2.6%, 2.5%로 상향 조정하는 결과를 낳았다.

그러나 내수 회복의 속도는 여전히 더딜 것으로 예상된다. KDI는 올해 수출이 물량 기준으로 5.6% 증가할 것으로 전망한 반면, 민간 소비는 1.8% 증가에 그칠 것으로 보았다. 이는 수출 주도의 성장이 민간 소비 회복으로 이어지지 않는 한계를 보여준다.

특히, 반도체 수출 증가가 전체 성장률 상승의 주된 요인으로 작용하면서, 경제 회복의 폭이 제한적일 수 있다는 우려가 제기된다. 올해 4월 25일까지 수출 실적에서 반도체 수출 증가액이 전체 수출 증가액의 71.2%를 차지하며, 반도체에 대한 높은 의존도를 나타냈다.

한편, 유엔 경제사회국(DESA)은 올해 세계 경제성장률 전망치를 2.4%에서 2.7%로 상향 조정했으나, 한국 경제성장률 전망치는 오히려 2.4%에서 2.2%로 하향 조정했다. 이는 한국 경제의 성장 동력이 반도체 수출에 집중되어 있어, 내수 부문의 회복이 더딘 현실을 반영한 것으로 해석된다.

내가 쓰는
신문 기사

디지털 경제

> 인터넷을 기반으로 이루어지는 경제활동을 말해요

디지털 경제는 인터넷을 사용해서 이루어지는 모든 일들, 예를 들면 온라인 쇼핑이나 게임 같은 것들을 말해요. 이런 디지털 세상에서 사업을 잘 하려면, 새롭고 멋진 아이디어, 고객들을 잘 알아차리는 것, 그리고 사람들이 당신을 믿을 수 있게 만드는 것이 정말 중요해요.

예전에는 사람들이 직접 만나서 물건을 사고 팔았지만, 지금은 인터넷을 통해 전 세계 어디서나 물건을 살 수 있고, 새로운 사업 아이디어도 많이 나와요. 디지털 경제에서는 몇 명 안 되는 사람들이 컴퓨터와 인터넷만 있으면 멋진 사업을 시작할 수 있어요. 처음에는 돈이 많이 들 수도 있지만, 시간이 지나면 많은 돈을 벌 수도 있어요.

디지털 경제는 전혀 새로운 방식으로 세상이 바뀌고 있다는 것을 의미해요. 예를 들어, 빠르고 정확해야 하는 인터넷의 세계, 전 세계가 하나의 시장처럼 경쟁하는 것, 그리고 여러 회사들이 함께 협력해서 더 좋은 결과를 내는 새로운 방법들이 생기고 있어요.

더 알아보기

　현대 사회에서 중요한 역할을 하는 디지털 경제의 효과와 사례 몇 가지를 알아볼께요.

- 경쟁력 강화: 디지털 전환은 기업이 시장 수요와 산업 구조 변화에 대응하여 경쟁력을 확보하는 데 도움이 돼요. 신제품 및 서비스 개발, 제품 차별화, 원가 경쟁력 확보, 생산성 향상 등을 목표로 하지요.

- 인공지능(AI) 적용: 디지털 경제에서 인공 지능(AI)의 보편화가 관찰돼요. AI는 예측 분석, 자동화, 고객 서비스, 제조 프로세스 등 다양한 분야에서 활용이 되고 있어요.

- 스마트 제조 및 메타버스 기술: 스마트 제조 기술과 메타버스 기술은 산업 전반에서 활용되고 있어요. 스마트 제조는 생산 과정을 최적화하고 자동화하는 데 도움이 되며, 메타버스는 가상 현실과 현실 세계를 융합시키는 기술이에요.

- 온라인 서비스 및 디지털 플랫폼: 디지털 경제에서 온라인 서비스와 디지털 플랫폼의 확산이 관찰돼요. 이는 소비자와 기업 간의 상호 작용을 변화시키고 새로운 비즈니스 모델을 가능하게 해요.

- 중소기업의 디지털 역량 강화: 국내 산업의 디지털 전환 실태를 고려할 때, 중소기업의 디지털 기술 혁신과 적절한 디지털 전환 기술 활용이 중요해요. 이를 위해 디지털 기술 및 플랫폼 지원 인프라가 필요해요.

신문에서는
이렇게 쓰여요

AI데일리   2024년 2월 20일

디지털 경제와 4차산업혁명: 경상북도의 혁신 전략

디지털 경제가 4차 산업혁명 시대의 핵심 동력으로 부상하고 있다. 인공지능(AI), 빅데이터, 사물인터넷(IoT), 블록체인 등 첨단기술이 융합되면서 전통적인 산업 구조를 재편하고 있는 것이다. 특히, 코로나19 팬데믹을 겪으면서 디지털 전환의 필요성이 더욱 강조되고 있으며, 기업과 정부 모두 디지털 경제 활성화를 위해 다양한 전략을 추진 중이다.

경상북도는 이러한 흐름에 발맞추어 **디지털 경제** 혁신을 통해 지역 경제의 활력을 도모하고자 적극적인 정책을 추진하고 있다. 경북도의회 기획경제위원회는 지난해 10월 '디지털 전환·가상융합경제 활성화 조례'를 제정하여 미래 산업에 대한 대비책을 마련하고 지역 경제의 새로운 동력을 창출하기 위한 제도적 기반을 마련했다.

경상북도는 이미 지난 2022년에 메타버스 수도 경북을 선포하고 인문과 디지털 융합 등 다양한 사업을 추진할 계획을 밝혔으며, 한류 메타버스 전당 조성 사업, 한류 메타버스 데이터 센터 건립, 메타버스 콘텐츠 연구(거점) 기관 설립 등 7개 사업에 총 5200억 원 규모의 메타버스 사업 추진을 계획하고 있다.

경상북도는 여기에 그치지 않고 현시대에 맞는 새로운 비즈니스 모델을 적극 발굴하고, 앞으로도 관련 조례제정 등을 통해 경북도가 혁신의 터전으로 발돋움하는 데 앞장설 것을 다짐했다.

내가 쓰는
신문 기사

명목소득/실질소득

> 소득은 우리가 일하거나 투자 같은 방법으로 얻는 **돈**, 물건의 **가치**, 또는 **서비스**예요

소득은 우리 생활을 지탱하고, 필요한 물건을 사거나 원하는 서비스를 이용할 수 있게 해주는 경제적 자원이에요. 이 소득에는 급여나 월급, 은행 이자, 주식에서 오는 배당금, 부동산에서 받는 임대료 등 여러 가지 형태가 있어요. 이렇게 다양한 방법으로 얻은 소득을 통해 우리는 필요한 것들을 구입하고, 좋은 생활을 영위할 수 있게 됩니다.

소득은 크게 명목소득과 실질소득 두 가지로 구분해 볼 수 있어요.

명목소득은 여러분이 받는 돈의 정확한 금액이에요. 할머니가 여러분에게 1만원을 주셨다면, 그 1만원이 바로 여러분의 명목소득이에요. 이것은 여러분이 그 돈으로 무엇을 살 수 있는지 생각하지 않고, 단순히 숫자로만 보는 것이기 때문에 간단해요.

실질소득은 조금 다릅니다. 이것은 여러분이 돈으로 실제로 얼마나 많은 것을 살 수 있는지에 대한 것이에요. 작년에 1만원으로 아이스크림을 10개 살 수 있었는데, 올해는 물가가 올라 같은 1만원으로 5개밖에 살 수 없다고 상상해 보세요. 여전히 1만원을 가지고 있지만, 그 돈으로 살 수 있는 것이 줄어들었어요. 그래서 여러분의 실질소득은 줄어든 것이죠, 왜냐하면 같은 돈으로 더 적은 것을 얻게 되었으니까요.

이 차이를 아는 것은 우리가 정말 더 많은 것을 얻고 있는지, 아니면 단지 숫자만 더 큰 것을 보고 있는지를 이해하는 데 도움이 된답니다. 명목소득으로 더 많은 돈을 받았지만 모든 것이 더 비싸졌다면, 더 많은 것을 살 수 없을 수도 있어요. 그래서 우리의 생활이 실제로 더 나아졌는지 보기 위해 실질소득을 봐야 해요.

더 알아보기

여러분이 두 개의 돼지 저금통을 가지고 있다고 상상해 보세요. 한 해에 하나의 저금통에 10만원을 저축했습니다 — 이것이 여러분의 명목소득이에요. 이제 10만원으로 100개의 장난감 자동차를 살 수 있다고 해 봅시다. 다음 해에는 더 많은 일을 해서 저금통에 12만원을 저축했어요. 하지만 장난감 자동차의 가격이 올라서 이제 12만원으로 90개의 장난감 자동차만 살 수 있다면, 돈을 더 많이 저축했음에도 불구하고 더 적은 장난감을 살 수 있게 된 거예요. 그래서 여러분의 실질소득, 즉 얼마나 많은 것을 얻을 수 있는지가 실제로 줄어든 것이죠.

AI데일리   2024년 5월 4일

고물가 속 **실질소득** 감소

통계청에 따르면 올해 1분기 우리나라 가구의 명목소득은 작년 동기 대비 3.5% 증가했지만, 1분기 내내 3% 안팎의 고물가가 이어지면서 실질소득은 오히려 감소했다.

명목소득은 사람들이 받는 급여, 이자, 배당금 등 모든 종류의 소득을 물가 상승률을 고려하지 않고 단순히 금액으로 나타낸 것이다. 예를 들어, 작년과 동일한 직장에서 동일한 업무를 하면서 5% 임금 인상을 받았다면, 그만큼 명목소득이 증가한 셈이다.

반면, 실질소득은 이러한 **명목소득**에서 물가 상승률을 반영한 소득으로, 실제 구매력을 나타낸다. 예를 들어, 5% 임금 인상을 받았지만 물가가 6% 상승했다면 실질소득은 감소하게 된다. 이는 더 높은 금액을 받더라도 실제 생활비나 생활 수준이 오히려 낮아질 수 있다는 의미이다.

최근 몇 달 동안 식료품, 주택, 에너지 비용 등 생활 필수품의 가격이 급등하면서 많은 가정이 경제적 어려움을 겪고 있다. 한 가정주부는 "급여는 올랐지만, 장보러 갈 때마다 지출이 더 늘어난 것을 느낀다. 생활이 더 힘들어졌다"고 토로했다.

명목소득에 소비자물가 상승률을 반영한 가계 **실질소득**은 1년 전보다 1.6% 줄었다. 1분기 기준 2021년 (-1.0%) 이후 3년 만에 마이너스로 돌아섰으며, 2017년 1분기(-2.5%) 이후 가장 큰 감소 폭을 기록했다.

전문가들은 이같은 현상이 지속될 경우 소비자들의 소비 심리가 위축되고, 이는 결국 경제 전반에 부정적인 영향을 미칠 수 있다고 경고하고 있다. 물가와 소득의 변화를 지속적으로 모니터링하여 실질적인 경제 성장과 국민들의 삶의 질 향상을 도모하는 것이 중요하다.

내가 쓰는
신문 기사

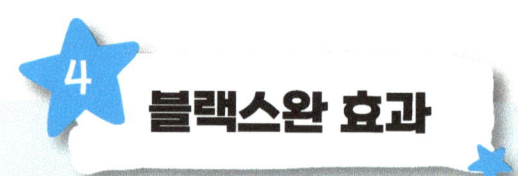
4 블랙스완 효과

" 예상치 못한 드문 사건이 큰 변화를 가져오는 현상을 말해요 "

　블랙스완 효과란 우리가 평소에는 상상도 못 했던, 정말 뜻밖의 일이 갑자기 일어나서 큰 변화를 가져오는 것을 말해요. 마치 우리가 항상 흰 백조만 봐왔는데, 어느 날 갑자기 검은색 백조를 보게 된다면 정말 놀랄 거예요. 이렇게 예상치 못한 검은 백조를 보는 것처럼, 아주 드물게 일어나는데 큰 영향을 미치는 사건들을 블랙스완이라고 부르는 거예요.

　예를 들면, 하늘에서 초콜릿이 내려오는 일 같은 건 정말 일어날 것 같지 않지만, 만약에 정말로 일어난다면 그건 블랙스완 효과라고 할 수 있어요. 이런 일은 거의 일어나지 않지만, 만약에 일어난다면 우리의 생각이나 세상을 많이 바꿀 수 있어요.

　블랙스완 효과를 알고 있으면, 우리가 생각지도 못한 일이 일어났을 때 더 잘 대비하고, 놀라지 않고 대처할 수 있게 도와줘요!

더 알아보기

　블랙스완 효과라는 말은 나심 탈레브라는 사람이 만들었어요. 그는 블랙스완을 정말로 드물게 일어나는데, 일단 일어나면 많은 것을 바꾸는 사건이라고 설명했어요. 예를 들어, 세계적으로 큰 문제를 일으킨 금융위기나 코로나19 같은 사건들이 이에 속해요.

　이 용어는 예전에 호주에서 검은색 백조를 처음 발견했을 때 유래됐어요. 그 전까지 사람들은 백조는 무조건 흰색이라고만 생각했어요. 그래서 검은색 백조를 본 사람들은 정말 놀랐답니다. 블랙스완 효과도 마찬가지로, 우리가 생각지도 못한 일이 실제로 일어나서 큰 변화를 가져오는 것을 의미해요.

함께 알아보기

　경제용어로 '회색코뿔소(Gray Rhino)'라는 표현이 있어요. 계속된 위험 신호를 무시하고 간과하다가 더 큰 위험에 직면하는 현상을 말해요.
　블랙스완은 발생 가능성이 매우 낮기 때문에 예측하기 어렵고 회색코뿔소는 충분히 예상할 수 있고 대비할 수 있는 위험이지만, 무시하거나 대처하지 않아 큰 충격을 주는 것을 말해요.

신문에서는 이렇게 쓰여요

AI데일리   2024년 1월 26일

불확실성의 시대: **블랙스완** 이슈와 경제적 대비 전략

최근 경제 전망에 불안 요소로 떠오른 것이 바로 '블랙스완'이다. 블랙스완은 예측할 수 없는 위험으로, 경제 및 금융 시장에 예상치 못한 영향을 미치는 사건이나 요인을 가리킨다.

블랙스완 이슈는 경제학자들과 투자자들 사이에서 계속해서 논의되고 있는 중요한 주제이다. 최근에는 지정학적 긴장, 자연재해, 글로벌 파장 등의 요인으로 인해 블랙스완 사건이 발생할 가능성이 높아지고 있다.

특히, 최근의 지정학적 긴장으로 인해 국제 무역에 대한 우려가 커지고 있으며, 이는 세계 경제에 부정적인 영향을 미칠 수 있다. 또한, 자연재해의 빈발과 그에 따른 인프라 파괴는 경제적 손실을 야기할 수 있다.

금융 시장에서도 블랙스완 이슈에 대한 불안이 증폭되고 있다. 예상치 못한 사건이 발생할 경우 주식 시장과 채권 시장에서 급격한 변동이 발생할 수 있다는 우려가 제기되고 있다.

블랙스완 이슈에 대비하여 투자자들은 위험 관리 및 다변화된 포트폴리오 구성에 주의를 기울여야 할 것으로 보인다. 더불어 정부와 기업들도 블랙스완 사건에 대비하여 적극적인 대응 및 비상 대책 마련이 필요하다.

앞으로도 블랙스완 이슈에 대한 주시와 대비가 필수적이며, 예기치 못한 위험에 대비하는 것이 경제의 안정과 발전을 위한 핵심 요소일 것으로 보인다.

**내가 쓰는
신문 기사**

빅맥지수

> 전 세계 빅맥 가격을 비교해
> 각국 돈의 구매력을 알아보는 재미있는 방법이에요

The Big Mac index
2022 빅맥지수

단위=%

순위	국가	값
1	스위스	30.3
2	노르웨이	21.6
3	우루과이	18.1
4	스웨덴	8.5
5	캐나다	2.0
6	미국	BASE CURRENCY
7	레바논	-1.4
8	이스라엘	-4.0
9	UAE	-4.8
10	유럽지역	-7.5
11	오스트레일리아	-10.2
31	중국	-30.9
32	대한민국	-32.0
33	태국	-32.1
40	베트남	-42.8
41	일본	-45.1
54	베네주엘라	-65.8

여성경제신문

빅맥지수는 세계 곳곳에서 팔리는 맥도날드 햄버거, 빅맥의 가격을 비교해서 각 나라 돈의 값어치를 알아보는 재미있는 방법이에요. 영국의 잡지인 이코노미스트가 1986년부터 매년 이 가격을 비교하고 있어요. 만약 모든 나라에서 빅맥 가격이 똑같다면, 모든 나라 돈의 값어치도 똑같아야 해요.

하지만 실제로는 각 나라에서 빅맥 가격이 다르기 때문에, 이를 통해 어떤 나라의 돈이 더 많은 가치를 가지고 있는지, 또는 얼마나 저평가되었는지를 알 수 있어요. 예를 들어, 한국에서 빅맥이 4,300원이고 미국에서는 4.79달러일 때, 이론적으로는 897.7원이면 4.79달러와 같아야 하지만, 실제 환율이 1,143.5원이라면 한국 돈이 조금 저평가되었다고 볼 수 있어요.

빅맥지수와 비슷한 개념으로 스타벅스 라떼 인덱스가 있어요. 스타벅스 라떼 인덱스는 세계 여러 나라의 스타벅스에서 파는 라떼 커피 가격을 비교해서, 각 나라 돈의 구매력을 알아보는 재미있는 방법이에요.

만약 어떤 나라에서 라떼 가격이 아주 비싸면, 그 나라 돈의 구매력이 조금 약한 걸 수도 있고, 라떼 가격이 싸면 돈이 강한 걸 수도 있어요. 이렇게 해서 우리는 커피 한 잔 가격으로 세계 여러 나라의 돈이 얼마나 강한지 알 수 있답니다.

AI데일리　　　　　　　　　　　　　　　　2024년 4월 1일

빅맥 가격 급등과 미국 가계 식비 부담

팬데믹 이후 미국을 강타한 인플레이션으로 소득 대비 식비 부담이 30년래 최고 수준으로 치솟았다. 미 노동부가 집계하는 소비자물가지수(CPI)에 따르면, 식료품 물가와 외식 물가는 2020년 1월부터 4년간 각각 25.6%씩 급등해 같은 기간 전체 물가상승률(19.2%)에 비해 더 가파르게 올랐다.

미국의 전반적인 물가는 안정세를 보이고 있지만, 외식 물가가 유독 급등세를 이어가면서 가계 식비 부담도 가중되고 있다. 21일(현지시간) 월스트리트저널(WSJ)에 따르면 지난 2022년 미국 소비자들의 가처분 소득 대비 식비가 차지하는 비중은 11.3%로, 지난 1991년(11.4%) 이후 31년만에 최고 수준을 기록했다.

이에 더하여 최근 미국 주요 체인 레스토랑들이 인건비 상승에 따라 메뉴 가격을 연달아 인상하고 있다. 올 들어 50개 주 가운데 22개 주가 최저임금을 인상하면서 인건비 부담은 더욱 가중될 전망이다.

캘리포니아주는 4월부터 패스트푸드 업계 근로자에 한해 최저시급을 20달러(약 2만6600원)로 인상했으며, 이는 지난해 최저시급 15.50달러에서 대폭 인상된 수치이다. 실제로 최근 캘리포니아주 한 매장에서는 빅맥세트가 18달러(약 2만4000원), 해쉬브라운이 3달러(약 4000원) 등 가격이 크게 올라 소비자들의 성토가 이어지기도 했다.

이는 **빅맥지수**(Big Mac Index)로도 확인할 수 있는데, 빅맥지수는 전 세계에서 빅맥의 가격을 비교하여 각국의 물가 수준과 통화 가치를 평가하는 지표이다. 최근 캘리포니아의 빅맥 가격 상승은 이러한 글로벌 구매력 비교에서 큰 차이를 나타내고 있다. 현재 캘리포니아에서 빅맥 버거 가격은 5.89달러로 맥도널드 자체 수치에 따르면 미국 주중에서 10번째로 높다.

내가 쓰는
신문 기사

세계의 중앙은행

> **은행들의 은행을 중앙은행이라고 해요**

중앙은행이란, 한 나라에서 돈을 만들고 경제를 잘 돌아가게 하는 중요한 일을 하는 곳이에에요. 세계에는 많은 나라들이 있고, 각각의 나라에는 자기 나라를 위해 일하는 자신만의 중앙은행이 있어요. 그런데, 전 세계에서 경제를 돌보는 것처럼 큰 역할을 하는 특별한 중앙은행도 있어요. 이런 큰 중앙은행들은 전 세계의 돈 문제나 경제 문제를 해결하기 위해 서로 협력해요.

이 중앙은행들은 돈을 만들고, 사람들이 물건을 사고파는 것을 도와주며, 돈의 가치가 너무 많이 변하지 않도록 돕기도 해요. 예를 들어, 우리나라에는 한국은행이 있고, 미국에는 연방준비제도(Fed)라는 중앙은행이, 그리고 유럽에는 유럽중앙은행(ECB)이 있어요. 이외에도 일본과 중국에도 자기 나라 중앙은행이 있죠.

이 중앙은행들은 돈을 얼마나 만들지, 은행에서 돈을 빌릴 때 이자는 얼마나 해야 하는지 결정해서, 우리가 물건을 살 때 가격이 너무 많이 오르거나 내리지 않게 해요. 이렇게 해서 모든 사람들이 더 잘 살 수 있도록 도와주는 거예요.

미국연방준비제도(Fed)

한국은행

> **더 알아보기**

　미국 중앙은행인 Fed는 미국 연방준비제도 혹은 줄여서 '연준위'라고도 불러요. Fed는 미국 내에서 중요한 역할을 하지만, 세계 경제에서도 매우 중요한 위치를 차지하고 있어요.

- **세계 경제에 대한 영향**: Fed가 결정하는 이자율과 정책은 전 세계 금융 시장에 큰 영향을 미쳐요. 예를 들어, Fed가 이자율을 올리면, 미국에 투자하는 것이 더 매력적이 되어서 전 세계에서 자본이 미국으로 흘러들어올 수 있어요. 반대로 이자율을 낮추면, 더 많은 돈이 경제로 흘러들어가 경제 활동을 촉진시킬 수 있고, 이는 전 세계 경제 성장에도 영향을 줄 수 있어요.

- **달러의 가치 조절**: 미국 달러는 세계에서 가장 널리 사용되는 화폐 중 하나예요. 그래서 Fed의 정책은 달러의 가치에도 영향을 미치며, 이는 수입과 수출, 국제 거래에 큰 영향을 줘요.

- **국제 금융 안정성 유지**: 글로벌 금융 위기나 경제 위기가 있을 때, Fed는 다른 국가의 중앙은행들과 함께 협력하여 금융 시스템의 안정성을 유지하기 위한 조치를 취할 수 있어요. 예를 들어, 2008년 금융 위기 때, Fed는 다른 나라 중앙은행들과 함께 금융 시장을 안정시키기 위해 여러 조치를 취했어요.

- **글로벌 경제 정책에서의 리더십**: Fed는 세계 경제에 대한 통찰력과 분석을 제공하며, 글로벌 경제 정책 결정에 있어 중요한 역할을 해요. 다른 나라들은 Fed의 정책 결정과 경제 전망을 주시하며, 이를 바탕으로 자국의 정책을 조정하기도 해요.

　이처럼, Fed는 미국 경제를 관리하는 것뿐만 아니라 전 세계 경제의 안정성과 성장에도 큰 영향을 미치는 중요한 기관이에요.

신문에서는 이렇게 쓰여요

AI데일리   2024년 1월 29일

전 세계 중앙은행들의 인플레이션 해법

최근 전 세계적으로 인플레이션이 가속화되면서 각국의 중앙은행들이 이를 해결하기 위해 다양한 전략을 모색하고 있다. 물가 상승이 소비자와 기업 모두에게 부담을 주는 상황에서 중앙은행들의 역할이 더욱 중요해지고 있다.

미국의 중앙은행인 연방준비제도(Fed·연준)는 지속적인 금리 인상을 통해 인플레이션을 억제하려는 전략을 취하고 있다. 이는 소비와 투자를 줄여 수요를 억제함으로써 물가 상승 압력을 완화하는 것을 목표로 한다. 그러나 지속적인 금리 인상 기조가 경기 둔화로 이어질 수 있어 신중한 접근이 요구된다.

유럽중앙은행(ECB)도 비슷한 문제에 직면해 있다. 유로존 내 여러 국가들의 경제 상황이 다르기 때문에 통일된 금리 정책을 적용하는 데 어려움이 따른다. ECB는 또한 에너지 가격 상승과 공급망 문제 등 외부 요인이 인플레이션을 유발하는 상황에서 정책적 유연성을 유지하는 데 중점을 두고 있다.

한국은행 역시 금리 인상을 단행하고 있으며, 정부와 협력하여 다양한 정책 수단을 강구하고 있다. 특히, 서민들의 생활 안정을 위해 물가 안정과 경제 성장 간의 균형을 맞추는 것이 중요한 과제로 떠오르고 있다.

전 세계의 중앙은행들이 인플레이션 해법을 고심하는 가운데, 각국의 경제 상황과 정책적 환경을 고려한 맞춤형 접근이 필요하다는 목소리가 높아지고 있다.

내가 쓰는
신문 기사

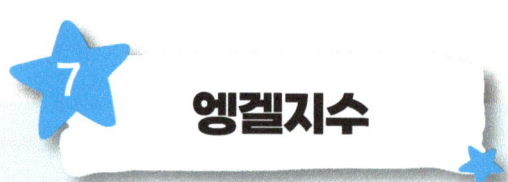

엥겔지수

> 우리가 벌어들인 돈 중에서 **음식에 쓰는 돈의 비율**이
> 얼마나 되는지 보여주어 생활수준이나 경제상태를 알려줘요

엥겔지수는 독일의 통계학자 에른스트 엥겔이 발견한 특별한 숫자예요. 이 숫자는 우리가 생활하는 데 쓰는 전체 돈 중에서 음식에 얼마나 많이 쓰는지 보여줘요.

만약 우리 가족이 모든 돈 중에서 음식에 4분의 1을 쓴다면, 우리 가족의 엥겔지수는 25가 돼요. 이렇게 엥겔지수를 보면, 우리가 음식에 얼마나 돈을 쓰는지 알 수 있고, 이를 통해 우리 가족의 생활이 얼마나 풍요로운지 알 수 있어요.

더 알아보기

　엥겔지수를 계산하는 건 마치 비밀 수식을 푸는 것처럼 재미있어요! 엥겔지수는 우리 가족이 음식에 얼마나 돈을 썼는지를 보여주는 숫자예요. 계산하는 방법은 이렇답니다.

　식료품비는 우리가 마트나 식당에서 음식을 사는 데 얼마나 썼는지를 말해요. 그리고 **총 지출액은** 우리가 옷을 사거나 영화를 보는 데 쓴 돈까지 모든 것을 합친 돈이에요.

　예를 들어, 우리 가족이 한 달에 100만 원을 썼다 치고, 그중 25만 원을 음식에 썼어요. 그러면 엥겔지수는 이렇게 계산해 볼 수 있어요:

　음식에 쓴 돈(25만 원) / 모든 것에 쓴 돈(100만 원) = 0.25

　이렇게 나온 0.25를 100으로 곱하면 우리 가족의 엥겔지수는 25가 돼요! 이 숫자를 보면 우리 가족이 음식에 쓴 돈이 전체의 4분의 1이라는 걸 알 수 있어요. 그래서 우리가 얼마나 잘 살고 있는지, 음식에 돈을 많이 쓰고 있는지 알 수 있답니다.

신문에서는 이렇게 쓰여요

AI데일리 　　　　　　　　　　　　　　　　2024년 2월 19일

한국 **엥겔지수** 상승, 서민 생활 악화…식품 물가 급등의 그늘

최근 '의·식·주'와 관련된 물가가 치솟으면서 엥겔지수도 갈수록 악화되고 있다. 엥겔지수는 가계 소비에서 식품이 차지하는 비율을 나타내며, 이 지수가 높아지면 가계가 식품에 더 많은 비용을 지출하고 있다는 것을 의미한다. 이는 곧 식품 물가의 상승을 반영하는 지표로서, 현재 한국의 경제 상황을 우려케 하고 있다.

통계청에 따르면, 지난해 한국의 엥겔지수는 전년 대비 2.5%포인트 상승했다. 이는 코로나19 팬데믹 이후 공급망 불안정과 글로벌 원자재 가격 상승 등의 영향으로 식품 가격이 급등했기 때문이다. 특히, 쌀, 채소, 육류 등 주요 식품의 가격이 큰 폭으로 오르면서 가계의 부담이 가중되고 있다.

엥겔지수 상승은 서민 가정에 큰 타격을 주고 있다. 월급 인상 속도가 물가 상승을 따라가지 못하면서 실질 소득은 줄어들고, 생활비의 상당 부분을 식품 구매에 할애해야 하는 상황이 지속되고 있다. 이는 소비 위축으로 이어져 경제 전반에 부정적인 영향을 미칠 수 있다.

전문가들은 엥겔지수 상승이 가계의 다른 필수 지출에도 영향을 미친다고 지적한다. 교육비, 의료비, 주거비 등 다른 필수 지출에 대한 여력이 줄어들면서 전반적인 삶의 질이 하락할 우려가 크다는 것이다. 특히, 저소득층 가정은 식품비 비중이 더 높아 상대적으로 더 큰 어려움을 겪고 있다.

정부는 이러한 문제를 해결하기 위해 식품 물가 안정을 위한 다양한 정책을 마련해야 한다. 공급망 안정화, 농산물 수급 조절, 유통 구조 개선 등을 통해 식품 가격을 안정시키고, 서민들의 생활 안정을 도모할 필요가 있다. 엥겔지수의 지속적인 상승은 가계 경제에 심각한 부담을 주기 때문에, 이에 대한 신속하고 효과적인 대응이 요구된다.

내가 쓰는
신문 기사

유통기한과 소비기한

> 유통기한은 **판매 가능한 기간**이고,
> 소비기한은 **먹기에 안전한 기간**이에요

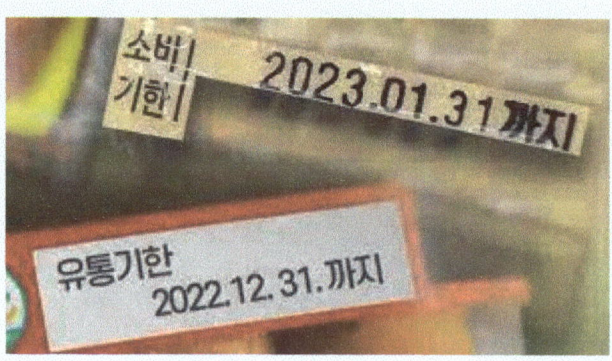

유통기한이란 마트나 가게에서 음식을 얼마나 오래 팔 수 있는지 알려주는 날짜예요. 이 날짜는 음식이 맛있고 신선하게 먹을 수 있는 시간을 기준으로 정해져요. 예를 들어, 만약 쿠키가 10일 동안 맛있게 먹을 수 있다면, 쿠키 상자에 적힌 유통기한은 10일 전에 끝나요. 그래서 우리가 먹을 때 맛있고 안전한지 확인할 수 있어요!

소비기한은 우리가 음식을 안전하게 먹을 수 있는 마지막 날짜예요. 이 날짜는 음식을 어떻게 보관하느냐에 따라 달라지고, 유통기한보다 조금 더 길어요. 2023년부터는 음식을 살 때 이 소비기한을 확인해야 해요, 이걸 보고 음식이 아직 괜찮은지 알 수 있거든요.

하지만, 소비기한이 있다고 해서 모든 음식을 그냥 먹어도 되는 건 아니에요. 음식이 잘못 보관되었거나 이미 신선하지 않으면, 소비기한 전이라도 상할 수 있어요. 그래서 음식을 사고 보관할 때 조심해야 한답니다!

신문에서는 이렇게 쓰여요

AI데일리   2024년 1월 25일

유통기한과 소비기한, 제대로 알자!

최근 들어 식품 소비기한이 강조되고 있다. 소비기한은 제품에 표시된 보관 방법을 준수하면 안전하게 섭취할 수 있는 기한으로, 유통기한보다 20~30% 길게 설정된다. 예를 들어, 두부는 20일에서 22일, 가공유는 70일에서 84일, 과채음료는 180일에서 240일, 발효유는 23일에서 28일로 늘어났다.

많은 소비자들이 **소비기한** 연장으로 인해 식품 안전에 대한 우려를 표하지만, 이는 현재의 식품 제조 및 유통 환경을 고려하면 지나친 걱정일 수 있다. 1985년 **유통기한**이 처음 도입되었을 당시와는 달리, 현재는 식품안전관리인증기준(HACCP)을 적용한 가공식품이 약 90%에 달하며, 콜드체인 등 냉장 유통 환경도 크게 발전하였다. 소비기한은 소비자가 냉장·냉동 제품을 구매 후 보관할 때 발생할 수 있는 온도 변화 등 다양한 변수를 반영하여 설정되므로, 안전성에 큰 문제가 없다는 것이 전문가들의 의견이다.

식품의약품안전처는 명확한 정보 제공과 식량 낭비를 줄이기 위해 2023년부터 소비기한 제도를 시행하고 있다. 미국, 유럽, 일본 등 경제협력개발기구(OECD) 대부분 국가에서도 소비기한 표시제를 운영하고 있으며, 이는 K-푸드의 수출 경쟁력 강화에도 기여할 것이다.

> 물건이나 서비스의 가격이 시간이 지날수록
> **점점 더 비싸지는 것을** 말해요

  인플레이션은 우리가 가게에서 물건을 살 때, 똑같은 물건인데도 더 많은 돈을 내야 하는 상황을 말해요. 예를 들어, 작년에 사탕 한 봉지를 1000원에 샀다면, 올해는 그 사탕이 1200원이 될 수 있어요. 이렇게 되면 우리의 용돈 가치가 떨어진다고 할 수 있어요. 즉, 같은 돈으로 더 적은 것을 사게 되는 거예요.

  인플레이션이 일어나면, 우리가 사려는 물건들이 점점 비싸져서, 우리의 돈이 예전만큼 소중하지 않게 돼요. 이 때문에 우리 가족들은 더 열심히 일해서 더 많은 돈을 벌어야 해요.

  정부나 은행은 인플레이션이 너무 높아지지 않도록 조심해야 해요. 너무 높으면 모든 것이 너무 비싸져서 사람들이 힘들어하고, 너무 낮으면 경제가 잘 돌아가지 않을 수 있어요. 인플레이션은 돈이 많이 풀리거나, 사람들이 물건을 많이 사려고 할 때 생길 수 있어요. 예를 들어, 모두가 같은 장난감을 원하면, 그 장난감 가게 주인은 가격을 올릴 수 있어요.

인플레이션이 일어나면 중앙은행은 경제를 안정시키기 위해 몇 가지 방법을 사용해요.

- **금리 올리기**: 돈을 빌릴 때 드는 비용을 올려서, 사람들이 돈을 덜 빌리고 쓰게 해요. 이렇게 하면 너무 많이 쓰는 것을 줄여서 물가 상승을 늦출 수 있어요.
- **돈의 양 줄이기**: 중앙은행이 정부 증권을 팔아서 시장에 돈이 덜 돌게 해요. 돈이 적으면 사람들이 덜 쓸 수 있고, 이렇게 하면 물가 상승을 막을 수 있어요.
- **은행 예비금 늘리기**: 은행이 더 많은 돈을 은행에 보관하게 하여, 은행이 빌려줄 수 있는 돈의 양을 줄여요. 이렇게 하면 돈이 덜 돌고, 쓰는 돈이 줄어들어 물가 상승을 억제할 수 있어요.

더 알아보기

　인플레이션의 반대는 디플레이션이에요. 인플레이션이 물건이나 서비스의 가격이 올라가는 현상이라면, 디플레이션은 가격이 내려가는 현상을 말해요.

　상상해봐요, 인플레이션 때는 사탕 한 봉지를 사는 데 더 많은 돈을 줘야 했다면, 디플레이션 때는 그 사탕을 더 적은 돈으로 살 수 있어요. 처음에는 좋아 보일 수 있어요. 왜냐하면 같은 돈으로 더 많은 것을 살 수 있으니까요. 하지만 사람들이 물건 가격이 더 떨어질까 봐 구매를 미루게 되고, 이로 인해 기업들은 더 많은 손실을 보게 되며, 결국엔 일자리를 줄이거나 사업을 접을 수도 있어요. 이렇게 되면 많은 사람들이 일을 잃게 되고, 경제가 어려워질 수 있어요.

　그래서 디플레이션과 인플레이션 모두 경제에 큰 영향을 미치며, 너무 높거나 낮은 것 모두 문제가 될 수 있어요. 정부와 은행은 이 두 현상을 잘 조절해서 경제가 안정적으로 유지될 수 있도록 노력해요.

신문에서는 이렇게 쓰여요

AI데일리   2024년 1월 25일

물가 폭등에 시름 깊어지는 서민 가정, 저축은 먼 이야기

요즘 인플레이션으로 인한 물가 상승이 서민들의 삶을 더욱 힘들게 만들고 있다. 최근 통계청 자료에 따르면, 소비자 물가 지수가 지난해 대비 5% 이상 상승했으며, 특히 식료품과 주거비용의 급등이 두드러진다. 일상생활에 필수적인 품목들의 가격이 연일 오르면서, 서민 가정의 경제적 부담은 날로 커지고 있다.

서울의 한 슈퍼마켓을 찾은 주부 김 모 씨는 "예전에는 10만 원이면 일주일 식료품을 충분히 살 수 있었지만, 이제는 15만 원이 넘어도 살 게 별로 없다"고 토로했다. 그녀는 "식료품뿐만 아니라 전기요금, 가스비까지 오르면서 생활비 지출이 크게 늘었다"고 덧붙였다. 이러한 물가 상승은 저소득층일수록 더 큰 타격을 주고 있다. 월급은 그대로인데 생활비는 늘어나니, 저축은커녕 빚만 늘어가는 실정이다.

특히, 원자재 가격 상승과 공급망 문제로 인해 기업들도 비용을 소비자에게 전가할 수밖에 없는 상황이다. 이에 따라 외식비, 공산품 가격까지 인상되어 소비자들의 부담이 가중되고 있다. 전문가들은 이러한 물가 상승이 단기적인 현상이 아닐 수 있다고 경고한다. 한국은행은 기준금리를 인상하며 **인플레이션** 억제에 나섰지만, 글로벌 경제 불안정성과 국제 유가 변동 등 복합적인 요인이 작용하고 있어 해결이 쉽지 않다는 분석이다.

결국, 이러한 경제적 어려움은 사회 전반에 걸쳐 심각한 영향을 미치고 있으며, 정부의 적극적인 대책 마련이 시급한 실정이다. 정책적 지원과 더불어 장기적인 물가 안정화 방안이 마련되지 않으면, 서민들의 고통은 더욱 가중될 것으로 보인다.

내가 쓰는
신문 기사

주식시장

> **사람들이 회사의 일부를 사고파는 곳으로,**
> 회사가 돈을 모으고 사람들이 투자해 이익을 얻을 수 있는 곳이에요

　주식시장은 사람들이 회사의 일부를 사고파는 곳이에요. 회사가 돈을 모으고 싶을 때, 조그만 조각인 '주식'을 만들어서 사람들에게 팔아요. 이 주식을 산 사람들은 그 회사의 일부를 가지게 되고, 회사가 잘 되어 돈을 많이 벌면 주식을 산 사람들도 이익을 얻을 수 있어요. 이런 식으로 회사는 필요한 돈을 모을 수 있고, 사람들은 돈을 투자해서 더 많은 돈을 벌 수 있는 기회를 가질 수 있어요.

　주식시장에는 '보통주'와 '우선주' 같은 다양한 주식이 있어요. 보통주는 회사의 일반적인 주식이고, 우선주는 특별한 조건이 붙은 주식이에요. 예를 들어, 우선주를 가진 사람은 더 많은 이익을 받을 수 있지만, 회사 결정에 참여할 수 있는 권리는 보통주만큼 강하지 않을 수 있어요.

　주식 가격은 사람들이 그 주식을 얼마나 사고싶어하느냐에 따라 달라져요. 많은 사람이 사고 싶어하면 가격이 올라가고, 그 반대면 가격이 내려가요. 그래서 주식시장은 매일매일 가격이 변해요.

　하지만 주식시장은 매우 복잡해서, 주식을 사기 전에는 잘 생각해보고 조심해야 해요. 왜냐하면, 주식 가격이 내려가면 돈을 잃을 수도 있기 때문이에요. 주식시장은 경제 상황이나 세계에서 일어나는 일에 따라 영향을 받을 수 있어서, 때로는 주식 가격이 많이 오르거나 내릴 수 있어요.

더 알아보기

각 나라별로 주식 가격이 어떻게 변하는지를 숫자로 보여주는 주식 지수가 있어요. 우리나라 주식 가격이 어떻게 변하는지를 보여주는 지수를 코스피(KOSPI)라고 해요. 코스피는 여러 회사의 주식이 얼마나 잘되고 있는지를 보여주는 숫자에요. 코스피 지수가 높으면 대한민국의 경제가 잘 돌아가고 있다는 뜻이에요. 많은 사람들이 회사들이 잘 될 것 같다고 생각하면 주식을 사고, 그래서 지수가 올라가요. 마치 학급에서 친구들의 시험 점수를 모아서 평균을 내는 것과 비슷해요. 평균 점수가 높으면 그만큼 모두가 시험을 잘 봤다는 뜻이죠.

미국의 주식시장을 대표하는 지수에는 다우존스(Dow Jones)가 있어요. 정식명칭은 다우존스 산업평균지수 인데, 미국의 30개 대형 주식회사의 주식 가격을 평균낸 값으로, 미국 주식시장의 상태를 나타내는 대표적인 지수 중 하나예요. 코스피는 한국 내 다양한 산업을 아우르는 반면, 다우존스는 주로 미국의 주요 산업 기업들을 대표해요.

신문에서는 이렇게 쓰여요

AI데일리　　　　　　　　　　　　　　　　2024년 6월 5일

연준의 비둘기파적 전환, **주식 시장** 반등의 핵심 요소로 부상

미국 투자은행 골드만삭스는 미 연방준비제도(Fed)의 정책 기조 전환이 주식 시장의 랠리를 지지하는 데 중요한 역할을 할 것이라고 강조했다. 최근 **주식시장**에서 투자자들이 경제 지표의 약세를 부정적으로 해석하면서, 연준의 비둘기파적 서프라이즈가 더욱 필요해졌다는 분석이다.

골드만삭스는 4일(현지시간) 보고서에서 "위험 자산은 예상보다 낮은 성장률 지표에 따른 금리 변동성에 취약할 수 있다"고 언급했다. 주식과 회사채의 낮은 위험 프리미엄을 감안할 때, 연준의 비둘기파적 기조가 주식 랠리 지속에 필수적이라는 설명이다.

연준은 지난해 7월 이후 기준금리인 연방기금금리의 목표 범위를 5.25~5.50%로 유지하고 있다. 연준은 올해 초까지만 해도 3차례의 금리 인하를 예상했으나, 인플레이션의 지속적인 상승으로 인해 금리 인하를 미루고 있다.

최근 금융시장에서는 연준이 올해 9월 금리 인하에 나설 가능성이 높게 점쳐지고 있다. 고용시장 둔화, 인플레이션 완화, 제조업 지표의 후퇴 등이 연준의 금리 인하 가능성을 높이고 있는 요인이다.

스탠더드앤드푸어스(S&P) 500 지수는 올해 들어 10.88% 상승했다. 지난달 사상 최고치를 기록한 이후, 최근 5일간 0.33% 하락하며 다소 상승 모멘텀을 잃은 상황이다. 이에 따라 투자자들은 연준의 정책 변화에 더욱 민감하게 반응하고 있다.

연준의 비둘기파적 전환이 주식 시장에 어떤 영향을 미칠지 주목되는 가운데, 투자자들은 앞으로의 경제 지표와 연준의 움직임을 예의주시할 필요가 있다.

내가 쓰는
신문 기사

체리슈머

> 돈을 아끼면서도 정말 필요한 것들만 골라서 사는 **현명한 소비자**

"체리슈머"는 마치 체리를 고르듯이 필요한 것들만 아주 잘 골라서 사는 사람들을 말해요. 이 단어는 '체리피커'와 '소비자' 두 말을 합친 건데, 체리슈머들은 단순히 좋은 것만 고르는 게 아니라, 사면서도 다른 사람에게 피해를 주지 않고 현명하게 쇼핑해요.

서울대학교의 김난도 교수가 2023년에 중요하다고 말한 열 가지 새로운 생각 중 하나로 체리슈머를 꼽았어요. 이런 사람들은 돈을 아끼기 위해 정말 필요한 것만 사거나, 다른 사람들과 함께 물건이나 서비스를 사서 비용을 나눠 내는 방법을 택해요.

체리슈머는 과거에 혜택만 누리려고 했던 '체리피커'보다 더 발전한 생각을 가진 사람들이에요. 그들은 똑똑하게 쇼핑해서 필요한 것을 적당히 잘 사고, 동시에 돈도 아끼는 사람들이랍니다.

더 알아보기

"체리피커"는 마치 케이크 위의 맛있는 체리만 골라 먹는 사람처럼, 매장이나 회사에서 하는 할인 행사나 이벤트를 이용하기는 하지만 실제로 물건이나 서비스를 사지 않는 사람들을 말해요. 이렇게 하면 회사 입장에서는 손해를 볼 수 있어서, 가끔 이런 사람들을 막기 위해 목록을 만들어 접근을 제한하기도 해요.

그런데 요즘에는 경제가 어려워지면서, 이런 체리피커들도 돈을 아끼려는 현명한 소비자로 보는 생각이 많아졌어요. 그래서 '체리슈머'라는 새로운 말도 생겼답니다. 체리슈머는 혜택을 잘 이용하면서도 다른 사람에게 피해를 주지 않는 좋은 방법으로 쇼핑하는 사람을 의미해요.

신문에서는 이렇게 쓰여요

AI데일리　　　　　　　　　　　　　　　　　　2023년 6월 13일

물가상승 속 **체리슈머,** 극한의 가성비 추구 소비자들 떠오르다

최근 지속적인 물가상승으로 인해 '체리슈머(Cherry-sumer)'라는 신조어가 주목받고 있다. 체리슈머는 체리피킹(Cherry Picking)과 소비자(Consumer)의 합성어로, 최고의 가성비를 찾아 극한의 소비 전략을 구사하는 사람들을 일컫는다. 이들은 가격 비교, 할인 정보 수집, 쿠폰 사용 등 다양한 방법을 통해 최소한의 비용으로 최대한의 만족을 얻는 것을 목표로 한다.

생활 필수품부터 외식비, 교통비까지 전반적인 물가가 오르면서 소비자들의 부담이 가중되고 있다. 이러한 상황에서 체리슈머들은 예산을 효율적으로 관리하고자 더 많은 시간과 노력을 기울여 각종 할인 혜택을 누리고 있다.

체리슈머의 대표적인 소비 패턴은 온라인 쇼핑에서 두드러진다. 이들은 가격 비교 사이트와 앱을 활용해 최저가 상품을 찾아내고, 각종 포인트 적립과 할인 쿠폰을 최대한 활용한다. 또한, 대량 구매를 통해 단가를 낮추는 전략도 적극적으로 사용한다. 이러한 소비 습관은 체리슈머들 사이에서 정보 공유와 협력을 통해 더욱 강화되고 있다.

전문가들은 체리슈머 현상이 단순한 유행이 아니라, 경제적 어려움 속에서 자연스럽게 형성된 생활 방식이라고 분석한다. 소비자들은 더 이상 단순히 가격만을 고려하는 것이 아니라, 다양한 혜택을 종합적으로 판단해 최적의 선택을 하고자 노력하고 있다. 체리슈머의 이러한 소비 패턴은 앞으로도 계속될 것으로 보이며, 이는 기업들에게도 새로운 마케팅 전략을 요구하는 중요한 요소가 될 것이다.

내가 쓰는
신문 기사

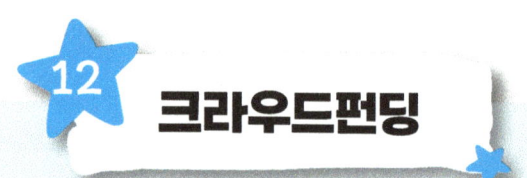
크라우드펀딩

> 사업을 시작하거나 프로젝트를 만들기 위해
> **많은 사람들에게 조금씩 돈을 모으는 것**이에요

CROWDFUNDING

크라우드 펀딩(Crowd Funding)은 많은 사람들이 모여 조금씩 돈을 모아서 특별한 프로젝트나 아이디어를 도와주는 멋진 방법이에요. 이렇게 모인 돈으로 새로운 것을 만들거나 멋진 일을 할 수 있답니다.

예를 들어, 만화책을 만들고 싶을 때 크라우드 펀딩으로 출판할 돈을 모을 수 있어요. 이때 도와준 사람들에게는 감사의 선물을 줄 수 있지요. 또, 학교 정원을 예쁘게 꾸미고 싶을 때도 크라우드 펀딩으로 꽃이나 나무를 사서 아름다운 정원을 만들 수 있어요. 이때는 도와준 사람들에게 정원에서 자란 꽃이나 특별한 카드를 선물로 줄 수 있어요.

로봇을 만들고 싶거나 프로그래밍을 배우고 싶을 때도 크라우드 펀딩을 사용할 수 있어요. 필요한 로봇 키트를 사거나 선생님을 초빙하는 데 필요한 돈을 모을 수 있지요. 그리고 로봇 만드는 과정이나 재미있는 활동을 도와준 사람들과 공유할 수 있어요.

크라우드 펀딩은 많은 사람들이 모여 돈을 모아서 좋은 일을 하거나 멋진 아이디어를 실현하는 방법이에요. 이 방법은 2008년 미국에서 '인디고고'라는 이름의 크라우드 펀딩 사이트가 처음 생기면서 시작되었어요. 그리고 한국에서는 2016년 1월 25일부터 이런 방식으로 돈을 모으는 일이 정식으로 인정받기 시작했답니다. 이때부터 사람들이 인터넷을 통해 작은 금액을 투자할 수 있는 '온라인 소액투자 중개업자'라는 제도가 생겼어요.

이렇게 크라우드 펀딩은 우리가 함께 모여 꿈을 실현할 수 있는 멋진 방법이랍니다!

AI데일리 2024년 5월 8일

크라우드 펀딩으로 농식품 기업 판로 개척, 새로운 도전의 장 열려

최근 크라우드 펀딩을 통해 농식품 기업들의 판로 개척을 지원하는 사업이 활발히 진행되고 있다. 이 사업은 소규모 농식품 기업들이 자금을 조달하고, 제품을 시장에 성공적으로 출시할 수 있도록 돕는 것을 목표로 한다. 특히, 초기 자본이 부족한 농식품 스타트업들에게 큰 도움이 되고 있다.

크라우드 펀딩은 다수의 개인으로부터 소액의 자금을 모아 프로젝트를 지원하는 방식이다. 이를 통해 농식품 기업들은 기존의 금융기관에 의존하지 않고도 자금을 마련할 수 있으며, 소비자들에게 직접 제품을 소개하고 피드백을 받을 수 있는 기회를 제공받는다. 이는 기업들이 시장의 수요를 파악하고, 제품의 품질을 개선하는 데도 큰 도움이 된다.

농식품 기업들은 크라우드 펀딩 플랫폼을 통해 다양한 제품을 선보이고 있다. 예를 들어, 유기농 식품, 특산물, 전통 식품 등을 중심으로 한 펀딩 프로젝트가 인기를 끌고 있다. 소비자들은 미리 제품을 구매하는 형태로 펀딩에 참여하며, 목표 금액이 달성되면 제품을 받아볼 수 있다. 이는 기업에게는 안정적인 판매 경로를 확보할 수 있는 기회가 된다.

또한, 크라우드 펀딩은 농식품 기업들이 브랜드 인지도를 높이고, 충성도 높은 고객층을 형성하는 데도 기여하고 있다. 펀딩에 참여한 소비자들은 제품에 대한 애정을 갖고 지속적으로 구매할 가능성이 높아, 장기적인 매출 증대 효과를 기대할 수 있다.

내가 쓰는
신문 기사

팬덤경제

> 사람들이 **좋아하는 유명인**을 응원하며
> 다양한 방법으로 돈을 쓰는 활동을 말해요

"팬덤 경제"는 사람들이 좋아하는 가수, 배우, 스포츠 선수 같은 유명한 사람들을 응원하면서 돈을 쓰는 것을 말해요. 예를 들어, 가수의 음반을 사거나, 콘서트 티켓을 구매하고, 온라인에서 팬클럽에 가입하거나 기부를 하는 것들이 모두 포함돼요.

최근에는 인터넷과 핸드폰 기술이 많이 발전해서, 팬덤 경제가 더 활발해졌어요. 특히 인스타그램이나 유튜브 같은 소셜 미디어와 온라인 쇼핑몰을 통해 더 많은 활동을 하고 있지요. 코로나19 때문에 직접 만나서 공연을 보거나 팬미팅을 하는 게 어려워져서, 인터넷으로 팬들이 활동하는 경우가 더 많아졌어요.

하지만 너무 과하게 돈을 쓰는 것은 문제가 될 수 있어요. 그래서 팬덤 경제에 참여할 때는 올바른 방법으로 참여하고, 좋은 문화를 만드는 데 기여하는 것이 중요해요.

AI데일리 2024년 2월 20일

팬덤경제, 글로벌 K-콘텐츠의 경제적 파급효과 급성장

최근 팬덤경제가 글로벌 K-콘텐츠 산업에서 중요한 경제적 요소로 부상하고 있다. 팬덤경제란 팬들이 자신이 좋아하는 유명인을 응원하며 다양한 방법으로 돈을 쓰는 활동을 말한다. 이러한 현상은 특히 K-팝, K-드라마, K-영화 등 한국의 콘텐츠 산업에서 두드러지게 나타나고 있다.

K-팝은 **팬덤경제**의 대표적인 예로, 방탄소년단(BTS), 블랙핑크 등 글로벌 아티스트들의 팬덤이 전 세계적으로 확산되며 막대한 경제적 가치를 창출하고 있다. 팬들은 앨범과 공식 굿즈를 구매하는 것은 물론, 콘서트와 팬미팅을 위해 해외로 여행까지 감행하며 관련 산업 전반에 걸쳐 소비를 확대하고 있다.

이에 따라 K-팝은 단순히 음악 산업에 국한되지 않고, 관광, 패션, 뷰티 등 다양한 산업과 연계되며 경제적 파급효과를 극대화하고 있다. K-드라마와 K-영화 역시 글로벌 팬덤을 통해 경제적 효과를 누리고 있다. 넷플릭스와 같은 스트리밍 플랫폼을 통해 전 세계 시청자들이 한국 드라마와 영화를 접하면서, 콘텐츠 수출이 급증하고 있다.

팬덤경제는 또한 소셜 미디어를 통한 팬들의 활동으로 더욱 확대되고 있다. 팬들은 자신이 좋아하는 콘텐츠를 홍보하고, 관련 상품을 구매하며, 다양한 이벤트를 기획하는 등 자발적인 마케팅 활동을 펼치고 있다. 이는 K-콘텐츠의 글로벌 인지도와 가치를 높이는 데 크게 기여하고 있다.

팬덤경제는 글로벌 K-콘텐츠 산업의 성장과 경제적 파급효과를 증대시키는 중요한 요소로 자리잡고 있다. 팬들의 열정과 지지가 K-콘텐츠의 글로벌 성공을 견인하고 있으며, 이는 한국 경제 전반에 긍정적인 영향을 미치고 있다. 앞으로도 팬덤경제의 역할은 더욱 중요해질 것으로 예상되며, K-콘텐츠 산업의 지속적인 성장을 이끌 것이다.

내가 쓰는
신문 기사

내가 쓰는
신문 기사

Part 03

정치, 사회, 문화

고령화 사회

> "인구 중 65세 이상 노인 비율이 증가하는 걸 말해요"

예를 들어, 한 마을에 사는 사람들 중에 어른들이 점점 더 많아지고, 아이들과 젊은 이들은 적어진다면, 그 마을은 고령화 사회가 되는 거예요. 우리나라는 요즘 이런 상황이 되고 있어서, 할아버지 할머니들이 많이 계시고, 그분들이 건강하고 행복하게 지내실 수 있도록 도와줄 필요가 있어요.

또한, 할아버지 할머니들이 많아지면, 일할 수 있는 사람들이 적어져서 나라 경제에도 영향을 줄 수 있어요. 그래서 나라에서는 이 문제를 해결하기 위해 여러 가지 방법을 생각하고 있어요. 예를 들어, 더 많은 일자리를 만들거나, 할아버지 할머니들이 건강을 잘 지킬 수 있도록 도와주는 일이에요.

고령화 사회는 할아버지 할머니들이 많아진 사회를 잘 돌보고, 모든 사람이 행복하게 살 수 있도록 노력해야 하는 사회랍니다.

신문에서는 이렇게 쓰여요

AI데일리   2024년 5월 8일

한국, 극저출생과 초고령화 시대 도래

한국이 극저출생과 초고령화 시대에 본격적으로 진입하고 있다. 2025년이면 한국은 '초고령 사회'로 분류될 전망이다. 2023년 말 기준으로 70대 이상 인구가 20대 인구를 처음으로 추월하며, 65세 이상 고령 인구는 973만 명에 달해 '노인 1000만 시대'가 눈앞에 다가왔다. 전국 17개 시·도 중 절반인 8곳이 이미 초고령 사회로 접어든 상황이다.

이번 4월 총선에서는 처음으로 60대 이상 유권자가 2030 유권자보다 많아지며 '선거도 고령화'라는 말이 나올 정도로 고령화가 빠르게 진행되고 있다. 이러한 **고령화** 현상은 세계 최저 수준의 출산율과 맞물려 한국 사회에 큰 위기로 다가오고 있다.

2020년부터 시작된 인구 감소 속도는 급격하여, 지난해 뉴욕타임스는 한국의 인구 감소를 유럽의 흑사병 시기와 비교하며 '국가 소멸'을 우려했다.

통계청에 따르면, 현재 한국의 합계출산율은 0.7명으로, 1명으로 반등하더라도 50년 뒤 총인구는 3600만 명대로 줄어들 전망이다. 그중 절반이 65세 이상 고령 인구가 될 것으로 보인다.

이러한 '극저출생 초고령화' 문제는 경제적, 사회적 활력을 저하시킬 뿐만 아니라, 노동력 부족, 연금 및 복지 제도의 지속 가능성 문제 등 여러 가지 복합적인 문제를 야기하고 있다. 정부는 출산율을 높이기 위해 다양한 정책을 시행하고 있지만, 현재까지 뚜렷한 성과를 거두지 못하고 있다.

내가 쓰는 신문 기사

네버랜드 신드롬

> 어른인데도 불구하고
> **여전히 어린이처럼 행동하고 싶어 하는 마음**을 말해요.

  네버랜드 신드롬은 마치 동화 속 피터팬처럼, 언제나 어린이로 남고 싶어하는 것과 비슷해요. 그런데 이런 마음이 있다 보면, 어른으로서 해야 할 일들을 잘 못하게 되고, 다른 사람들과의 관계에서도 어려움을 겪을 수 있어요.

  모두가 젊어지고 싶어하는 현상이 나타나는 이유를 알아볼게요.

  어른이 되었는데도 어린이처럼 살고 싶어서 어른으로서 해야 할 중요한 일들을 하지 않으려고 해요. 이는 현대사회에서 어른으로서의 책임과 스트레스에서 벗어나고 싶기 때문이에요.

  새로운 것을 배우거나 더 나아지려는 노력을 하지 않아서 계속 같은 자리에 머물게 돼요. 어린이들이 선호하는 캐릭터 상품이 성인들에게도 인기를 끄는 일이 발생하기도 하죠.

현실세계와 멀어지고 자기만의 상상 속 세계에 빠져있으면 친구들과의 관계가 멀어지고, 현실과의 차이 때문에 슬프거나 불안해질 수도 있어요.

어떻게 하면 네버랜드 신드롬에서 벗어날 수 있을까요?
성숙한 책임감과 자아실현 의지가 필요해요. 어른으로서의 책임을 인정하고, 문제를 회피하지 않고 해결하는 방법을 배우는 것이 중요해요.

또한, 자녀가 독립적으로 성장할 수 있도록 도와줘요. 부모의 과도한 보호로 네버랜드 신드롬에 빠지지 않도록 자녀의 성장과 경험을 존중해줘야 해요.

그리고, 책을 읽거나 새로운 취미를 시작하는 것처럼 자신을 발전시키려고 노력하고, 친구들과 많이 대화하고, 함께 놀면서 서로를 더 잘 이해하도록 해요.

비록 네버랜드 신드롬이나 피터팬 증후군 때문에 어른이 되는 것이 조금 겁나거나 어려워 보일 수 있지만, 성장하는 과정에는 많은 긍정적인 면이 있어요. 새로운 지식과 기술을 습득하고, 친구들과 더 깊이 있는 관계를 형성하며, 자신의 문제를 스스로 해결할 수 있는 힘을 기르게 돼요.

신문에서는 이렇게 쓰여요

AI데일리 2024년 2월 25일

네버랜드 신드롬 등장: 새로운 세대, 새로운 증후군

서울대학교 소비트렌드분석센터가 발표한 [트렌드 코리아 2023]에서 내년 한국의 주요 소비트렌드 중 하나로 '네버랜드 신드롬'을 꼽았다. 이 신드롬은 젊은 세대들이 나이 듦을 거부하고 청춘의 즐거움과 자유를 추구하는 현상을 지칭한다.

네버랜드 신드롬'은 피터팬의 나라 '네버랜드'에서 영감을 받아 유년시절의 판타지와 자유로움을 갈망하는 젊은 세대들의 마음을 담고 있다. 이들은 나이가 들어가더라도 늘 어린이와 같은 마음가짐을 유지하고, 변화와 모험을 즐기며 일상의 규칙에서 벗어나는 삶을 추구한다.

이러한 트렌드는 디지털 기술과 SNS의 발달로 더욱 확산되고 있다. 사진 및 동영상 플랫폼을 통해 젊은이들은 자신의 모험과 경험을 공유하며, 다양한 커뮤니티에서 함께 즐길 수 있는 경험을 찾고 있다. 또한, 새로운 문화와 경험을 위해 돈과 시간을 투자하는 것이 특징이다.

기업들은 '네버랜드 신드롬'을 고려하여 젊은 세대들에게 새로운 경험과 감동을 선사할 수 있는 제품과 서비스를 개발할 필요가 있다. 서울대학교 소비트렌드분석센터 관계자는 "네버랜드 신드롬은 젊은 세대의 가치관과 삶의 태도를 반영하는 중요한 트렌드로, 기업들은 이를 적극적으로 수용하고 대응해야 한다"고 말했다.

내가 쓰는 신문 기사

뉴 노멀

> '새로운 일상'을 의미하는 말로, 커다란 변화나 사회적 변화 후에 생겨난 새로운 현실이나 생활 양식을 말해요.

코로나 19 때문에 사람들이 마스크를 착용하고 사회적 거리두기를 실천하는 등 새로운 생활양식을 받아들여야 했어요.

코로나 19는 학교, 회사 생활 등 우리의 일상을 송두리째 바꾸었어요. 바이러스 감염 예방을 위해 수업이 온라인으로 진행되었어요. 학생들은 집에서 컴퓨터를 통해 수업을 듣고 공부했지요. 그리고 많은 사람들이 회사로 출근하지 않고 집에서 일했어요. 이렇게 코로나 19 팬데믹 이후의 새로운 현실을 '뉴노멀'이라고 해요.

더 알아보기

뉴노멀이라는 말은 다음과 같은 상황에서 사용돼요.

사회적 변화로 인해 우리의 일상, 근무 방식, 사회적 규칙 등이 바뀌었을 때, 사람들이 새로운 환경에 맞춰 생활하는 상황을 가리켜요.

코로나 19와 같은 특정 상황에서 나타나는 새로운 습관, 생활 방식, 사회적 규범 등을 의미해요. 이는 보통 큰 사건이나 변화 후에 사람들이 새롭게 적응하고 받아들이는 과정에서 나타나는 변화들이에요.

비즈니스 세계에서는 시장의 새로운 동향이나 소비자의 변화된 행동을 이해하고, 이에 맞춘 전략을 세우는 데에 "뉴 노멀" 개념을 활용해요. 디지털화, 세계화와 같은 현상으로 인한 변화에 빠르게 적응하는 것이 중요해요.

최근엔 전염병 확산, 기후 변화 등으로 인해 새로운 사회적 책임과 안전 문제가 대두되며, 이러한 상황들도 뉴 노멀로 인식되고 있어요.

"뉴 노멀"은 변화한 상황 뒤에 나타난 우리 생활의 새로운 모습을 말하며, 이 새로운 현실을 받아들이고 그에 맞게 적응하는 과정을 의미해요. 이 변화에 어떻게 대응하고 적응하느냐가 우리 앞에 놓인 중요한 과제가 되었어요.

신문에서는 이렇게 쓰여요

AI데일리   2024년 5월 28일

새로운 일상: 한국 사회의 변화와 적응

COVID-19 팬데믹은 전 세계적으로 많은 변화를 가져왔다. 그 중에서도 가장 큰 변화는 '새로운 일상(New Normal)'의 정착이다. 한국 사회도 예외는 아니며, 다양한 분야에서 새로운 일상을 맞이하고 있다.

팬데믹 이전에는 대부분의 한국 기업이 전통적인 사무실 근무를 고수했다. 그러나 COVID-19로 인해 원격 근무와 재택근무가 필수가 되면서 많은 기업들이 이에 적응하게 되었다. 일부 기업들은 재택근무를 장기적인 정책으로 고려하고 있다.

한국의 교육 시스템도 큰 변화를 겪었다. 전통적인 대면 수업에서 벗어나 온라인 수업이 보편화되었다. 초중고등학교부터 대학교까지 모든 교육 기관이 온라인 강의를 도입했으며, 비대면 강의를 통해 학생들의 학습을 지원하고, 학생들이 시간과 공간의 제약 없이 학습할 수 있는 환경을 조성했다.

비대면 서비스는 한국 사회에서 필수적인 요소로 자리잡았다. 이는 쇼핑, 의료, 금융 등 다양한 분야에 영향을 미쳤다. 팬데믹으로 인한 사회적 거리 두기는 사람들의 생활 방식을 변화시켰다. 새로운 문화와 생활 습관이 자리잡게 되었다.

새로운 일상은 많은 도전을 가져오기도 했지만, 동시에 새로운 기회도 제공했다. 비대면 환경에서의 인간 관계 유지, 정신 건강 문제, 디지털 비대면 기술의 발전은 새로운 비즈니스 모델을 창출하고, 원격 근무로 인한 시간과 비용 절감 효과를 가져왔다.

내가 쓰는 신문 기사

다양성과 포용성

> 다양성과 포용성은 우리가 **함께 사는 세상을** 더욱 아름답고 풍부하게 만드는 두 가지 중요한 개념이에요.

다양성이란?

다양성은 사람들 사이에 다른 배경, 생각, 경험, 능력 등이 있음을 인정하는 것을 말해요. 예를 들어, 우리 반 친구들이 모두 다른 취미를 가지고 있고, 다른 나라에서 왔거나, 다른 언어를 말한다면, 우리 반은 '다양성'이 풍부한 곳이에요. 다양성은 우리가 세상을 더 넓은 시각으로 바라볼 수 있게 해주고, 다른 사람들의 생각이나 문화를 이해하며 배울 수 있는 기회를 줘요.

포용성이란?

포용성은 다양성이 있는 사회에서 각자의 차이를 존중하고, 모든 사람이 속해 있고 중요한 일원이라고 느낄 수 있도록 환경을 만드는 것을 말해요. 포용성이 있는 곳에서는 모든 사람이 자신의 의견을 자유롭게 표현할 수 있고, 모두가 소속감을 느끼며, 서로를 존중해요. 예를 들어, 우리 반에서 모든 친구들이 놀이나 활동에 참여하고, 각자의 의견이 존중받으며, 모두가 함께 잘 지낸다면, 우리 반은 "포용성"이 높은 곳이에요.

왜 중요할까요?

다양성과 포용성은 모두가 행복하고, 공정하며, 창의적인 사회를 만드는 데 중요해요. 다양한 사람들의 아이디어와 경험이 모이면, 더 많은 해결책과 아이디어를 낼 수 있어요. 또한, 모든 사람이 소중하게 여겨지고 존중받을 때, 더 많은 사람들이 자신감을 가지고, 자신의 재능을 발휘할 수 있어요.

이렇게 다양성과 포용성은 우리 모두가 서로를 이해하고, 더 좋은 세상을 만들기 위해 함께 노력하는 데 도움을 줘요.

신문에서는 이렇게 쓰여요

AI데일리 2024년 5월 8일

다양성과 포용성:
세계가 향하는 새로운 지평

세계 각지에서 다채로운 문화와 인종이 어우러지며 새로운 다양성의 지평이 펼쳐지고 있다. 이는 단순히 다른 문화를 받아들이는 것을 넘어, 그것을 포용하고 품는 것을 의미한다. 최근 유럽의 한 도시에서는 다문화주의 프로그램이 활발히 이루어지며, 서로 다른 출신지를 가진 이들이 소통하고 협력함으로써 새로운 문화를 창조하고 있다.

이러한 **다양성**은 예술과 문화에서도 빛을 발하고 있다. 세계 각지의 예술가들은 자신만의 문화적 배경을 가지고 창작하며, 그 결과로 독특하고 다채로운 작품들이 세상에 나오고 있다. 이는 단순히 예술의 영역을 넘어, 사회에 다양성을 존중하고 수용하는 메시지를 전달한다.

뿐만 아니라 경제적인 측면에서도 다양성은 중요하다. 다문화 사회에서는 서로 다른 문화 간의 교류가 경제 발전에 긍정적인 영향을 미친다는 것이 여러 연구에서 입증되었다. 이는 새로운 아이디어와 시장을 개척하며 혁신을 이끌어내는데 중요한 역할을 한다.

하지만 이러한 다양성과 **포용성**을 실현하기 위해서는 노력이 필요하다. 편견과 차별은 여전히 존재하며, 이를 극복하기 위해서는 교육과 인식 확대가 필수적이다. 또한 정부와 기업, 시민 사회의 협력이 필요하며, 서로를 존중하고 이해하는 문화를 조성해 나가야 한다.

이러한 노력들은 결국 더욱 포용적이고 다양성이 존중되는 세계를 이끌 것이다. 그리고 이는 우리가 함께 더 나은 미래를 향해 전진하는 첫걸음일 것이다.

내가 쓰는
신문 기사

5 디지털 격차

> 사람들이 컴퓨터나 인터넷 같은
> **디지털 기술을 사용하는 데 있어서 겪는 차이**를 말해요.

이 차이는 컴퓨터나 인터넷을 쓸 수 있는 환경이 충분하지 않거나, 인터넷 이용료가 비싸서 쉽게 사용하지 못하는 경우에 생길 수 있어요. 이로 인해 어떤 사람들은 인터넷을 쓰는 데 어려움을 겪을 수 있고, 디지털 기술을 잘 모르는 사람들은 중요한 정보를 얻거나 활용하는 데 문제를 겪을 수 있어요.

디지털 기술을 사용하기 위해서는 필요한 장비와 서비스가 있어야 하는데, 돈이 많이 들어가는 일이라서 경제적으로 어려운 사람들에게는 큰 부담이 될 수 있어요. 현대 사회에서 디지털 기술을 잘 사용할 수 있는 능력이 중요한 만큼, 이 분야에서의 교육이나 기회가 부족하면 교육이나 일자리 찾기에서도 불평등이 생길 수 있어요.

이런 디지털 격차는 정보 접근성과 기회의 차이로 인해 사회적 불평등을 더 심하게 만들 수 있어요. 디지털 격차를 줄이기 위해서는 더 많은 사람이 인터넷을 쉽게 사용할 수 있게 하고, 디지털 기술 교육과 경제적 지원을 제공해서 모든 사람이 디지털 세상에 참여할 수 있도록 도와야 해요.

신문에서는
이렇게 쓰여요

AI데일리   2024년 2월 19일

디지털 격차, 노인 인권 침해 우려… 과기부에 개선 촉구

국가인권위원회가 초고령사회를 맞이하면서 **디지털 격차**로 노인의 인권이 침해될 우려에 대해 과학기술정보통신부(과기부)에 적극적인 개선을 촉구했다.

인권위는 과기부에 디지털 전환으로 인해 정보 취약계층인 노인이 사회에서 소외되거나 차별받지 않도록 적극적인 조치를 취해야 한다고 권고했다고 밝혔다. 한국은 고령화가 가장 빠른 국가 중 하나이며, 디지털 정보화 활용 수준에서 고령층이 가장 낮은 수준을 보이고 있다고 강조했다.

특히 코로나19로 인한 비대면·무인 서비스의 확산으로 디지털 전환은 가속화되고 있는 가운데, 노인들은 이러한 변화에 적응하기 어려워 소외될 우려가 크다고 지적했다. 이에 따라 노인 특화 교육의 강화와 함께 디지털 기기의 사용 편의성을 높이는 등의 개선책이 요구된다고 강조했다.

인권위는 구체적인 개선 방안으로 노인 특화 교육 강화, 쉬운 디지털 기기 개발 및 보급, 디지털 헬프데스크 운영 등을 제안했다. 노인들이 디지털 세상에 적극적으로 참여할 수 있도록 지원하는 것이 디지털 격차 해소의 첫걸음일 것으로 기대된다.

내가 쓰는
신문 기사

밈(Meme)

> 재미있는 사진이나 비디오처럼
> **우리가 인터넷에서 공유하고 따라하는** 것들을 말해요.

밈이라는 말은 사람들이 아이디어나 재미있는 것들을 따라 하면서 서로 공유하는 것을 말해요. 이 말은 처음에는 한 사람이나 그룹에서 다른 사람이나 그룹으로 전달되는 생각이나 습관 같은 것을 의미했어요. 지금은 주로 인터넷에서 사람들이 재미있게 공유하는 그림이나 동영상, 이야기를 가리키는데 쓰여요. 이렇게 밈은 우리가 서로 웃기고 공감할 수 있는 방법으로 쓰인답니다.

예를 들어, 친구들 사이에서 유명한 노래에 맞춰서 재미있게 춤을 추는 동영상을 만들어 공유하고, 그걸 보고 다른 친구들도 따라 하는 걸 생각해볼 수 있어요. 이렇게 해서, 그 춤이나 노래는 더 많은 사람들에게 퍼지게 되죠. 밈은 우리가 서로 연결되어 있음을 보여주고, 함께 웃고 즐길 수 있는 방법이에요!

밈이라는 말은 한 책에서 처음 나왔어요. 그 책의 이름은 《이기적 유전자》로, 리처드 도킨스라는 사람이 썼어요. 도킨스는 사람들이 어떻게 문화를 만들고 바꾸는지 설명하려고 이 말을 만들었어요. '밈'이라는 말은 그리스어로 '모방'을 뜻하는 'mimeme'에서 왔어요. 이 말은 사람들이 서로의 아이디어나 행동을 따라 하면서 문화가 어떻게 퍼지고 변하는지를 말해줘요.

더 알아보기

대표적 밈들의 사례를 알아볼게요

"깡" (Gang): 가수 비의 노래 "깡"이 인터넷에서 큰 인기를 끌었어요. 이 노래의 뮤직비디오에서 끊임없이 댓글이 달리면서 사건이 시작되었지요. "1일 1깡"이라는 표현도 유명해졌죠.

"무야호": 무한도전에 출연했던 할아버지의 귀여운 추임새가 밈이 되었어요. 이 표현은 여러 상황에서 유용하게 사용돼요.

"아무노래 챌린지": 지코의 노래 "아무노래"를 따라하는 챌린지가 인터넷에서 유행했어요.

"롤린": 브레이브걸즈의 노래 "롤린"이 인터넷에서 큰 인기를 끌었어요.

이 외에도 다양한 밈들이 있으며, 인터넷 상에서 계속해서 새로운 밈들이 생겨나고 있어요!

AI데일리　　　　　　　　　　　　　　　　　　　2024년 5월 31일

온라인 여론전 치열: 라파 공습으로 확산되는 AI 이미지 전쟁

최근 팔레스타인 가자지구 최남단 도시 라파에서 이스라엘의 공습으로 민간인 사망자가 급증하면서, 온라인에서는 치열한 여론전이 벌어지고 있다. 친팔레스타인과 친이스라엘 양측은 각각의 입장을 대변하는 이미지를 확산시키며 '**밈(meme)**' 전쟁을 벌이고 있다.

알자지라 방송에 따르면, 드넓은 사막과 눈 덮인 산을 배경으로 끝없이 늘어선 텐트 위에 '모두가 라파를 지켜보고 있다(All eyes on Rafah)'는 문구가 새겨진 인공지능(AI) 생성 이미지가 각국 소셜미디어에서 확산되고 있다. 이 이미지는 라파 일대의 피란민 텐트촌을 떠올리게 하는 배경에 반전 문구를 더해 이스라엘을 규탄하는 내용이다.

미국의 팔레스타인계 모델 지지 하디드와 벨라 하디드 자매, 영국 가수 두아 리파, 프랑스 축구 선수 우스만 뎀벨레 등 유명인들이 잇따라 이 콘텐츠를 공유했으며, 소셜미디어에서 최소 4400만 건 이상 공유됐다. 특히 26일 이스라엘군이 라파의 텔알술탄 피란민촌을 집중 공격해 최소 50여 명이 숨진 이후, 이스라엘을 규탄하는 목소리가 더욱 커졌다. 이 문구는 올해 2월 세계보건기구(WHO)의 팔레스타인 구호 책임자인 리처드 피퍼콘이 이스라엘군의 민간인 살상을 비판하며 처음 사용한 것이다.

이스라엘도 맞대응에 나섰다. 이스라엘 정부는 29일 공식 X(옛 트위터) 계정을 통해 총을 든 하마스 대원이 이스라엘 아이 앞에 서 있고 "10월 7일 당신의 눈은 어디를 보고 있었는가"라는 문구가 게재된 이미지를 올렸다. 이 이미지는 이번 전쟁이 지난해 10월 7일 하마스의 선제공격으로 발생했다는 점을 강조하고 있다. 이 이미지 역시 이스라엘 국민이 AI로 제작한 것이다.

이처럼 온라인 상에서 벌어지는 여론전은 라파의 실상을 둘러싼 양측의 극명한 입장 차이를 드러내며 갈등을 더욱 심화시키고 있다.

내가 쓰는
신문 기사

소득양극화

> 소득양극화는 마치 학교에서 아이들이 두 팀으로 나뉘어서
> 한 팀은 많은 간식을 가지고 있고, 다른 팀은 거의 간식이 없는 상황과 비슷해요.

이렇게 되면, 간식이 많은 아이들과 거의 없는 아이들 사이에 큰 차이가 생기죠. 소득양극화도 이와 같아서, 사람들 사이에 돈을 많이 벌거나 적게 버는 큰 차이가 생기는 거예요.

중간에 있는 아이들, 즉 중산층이라고 할 수 있는 사람들이 점점 줄어들고, 매우 부유한 사람들과 돈이 거의 없는 사람들로 나뉘어져요. 이렇게 되면, 돈을 많이 벌지 못하는 사람들은 더 힘들어지고, 사회에서 서로 돕지 않게 되어 모두가 함께 잘 사는 화목한 사회를 만드는 데 어려움이 생겨요.

이 문제를 해결하기 위해서는, 마치 모든 아이들이 간식을 공평하게 나눠 가질 수 있도록 돕는 것처럼, 사회에서도 부자와 가난한 사람들 사이의 돈의 차이를 줄이려고 노력해야 해요. 예를 들어, 더 많은 돈을 버는 사람들에게 조금 더 많은 세금을 내도록 하거나, 돈이 덜 있는 사람들을 위해 더 많은 지원을 해주는 방법이 있어요.

또한, 모든 사람들이 좋은 학교에서 배울 수 있고, 좋은 일자리를 가질 수 있도록 도와주는 것도 중요해요. 이렇게 함으로써, 모두가 더 행복하고 건강한 사회에서 살 수 있게 되요.

신문에서는 이렇게 쓰여요

AI데일리   2024년 5월 10일

고령화로 **소득 양극화** 약 30% 심화… 대책 마련 시급

한국의 인구 고령화가 가계의 소득 불평등을 약 30% 심화시켰다는 연구 결과가 나왔다. 지난 25년간의 추이를 분석한 결과, 고령화로 인한 경제 구조의 변화와 사회적 파급효과로 인해 소득 격차가 확대되고 있는 것으로 조사됐다.

한편, 2025년에는 한국이 초고령사회에 진입할 것으로 예상되면서, 이러한 추세가 더욱 가속화될 것으로 우려된다. 이에 따라 **소득 양극화**에 대한 대책 마련이 시급하다는 목소리가 높아지고 있다.

소득 양극화의 주요 원인으로는 노령화에 따른 노동력 감소와 고령층의 소득 안정성 부족 등이 지적되고 있다. 따라서 이에 대한 대응책은 고용 시장의 유연성 확보와 노인 복지 제도의 강화, 교육 및 기술 향상 프로그램의 확대 등이 요구된다.

또한, 고령층의 노동시장 참여율을 높이고 소득 안정성을 강화하기 위한 정책이 필요하다. 이러한 정책들은 소득 양극화를 완화하는 방안을 모색하는 데 중점을 두어야 한다. 이를 통해 한국은 고령화 시대를 더욱 안정적으로 대처하고, 공평하고 포용적인 사회를 구축할 수 있을 것이다.

내가 쓰는 신문 기사

8 소프트파워

> 국가가 **문화, 가치, 정책의 매력**을 통해
> **영향력을 행사**하는 능력을 말해요

　소프트파워는 국가가 다른 나라들과의 관계에서 매력과 설득을 통해 영향력을 발휘하는 방법이에요. 이 개념은 크게 세 가지 주요 요소로 구성돼요.

- **문화**: 나라의 문화, 예를 들어 음식, 음악, 영화, 예술 등은 전 세계 사람들에게 매력적으로 보일 수 있어요. 이러한 문화적 매력은 다른 나라 사람들이 그 나라에 대해 긍정적인 인상을 갖게 하고, 그 문화를 받아들이게 만들어요.

- **정치적 가치**: 민주주의, 인권 존중, 환경 보호와 같은 가치는 전 세계적으로 많은 사람들이 공감하는 주제예요. 이런 가치를 적극적으로 지지하고 실천하는 국가는 다른 나라들로부터 존경과 지지를 받을 수 있어요.

- **외교 정책**: 평화적 협력, 문화 교류, 국제 회의 개최와 같은 외교 활동은 다른 나라들과의 관계를 강화하고 긍정적인 이미지를 구축하는 데 도움이 돼요. 이런 활동을 통해 국가는 자신의 소프트파워를 증진시키고 세계 무대에서 영향력을 확대할 수 있어요.

　소프트파워의 핵심은 강제가 아니라 매력과 설득을 통해 다른 나라들이 자발적으로 그 나라의 가치나 정책을 지지하게 만드는 것이랍니다. 이를 통해 국가는 국제사회에서 더 많은 영향력을 행사하고 긍정적인 관계를 구축할 수 있어요.

더 알아보기

한국은 소프트파워로 세계에서 두각을 나타내고 있는데, 그 매력은 다음과 같은 분야에서 발견할 수 있어요.

- 한류 (Hallyu): K-팝, 드라마, 영화, 패션 같은 한국의 문화 콘텐츠가 전 세계적으로 인기를 끌고 있어요. 특히 방탄소년단(BTS) 같은 그룹은 전 세계에 많은 팬을 가지고 있죠.
- 기술: 삼성, LG, 현대와 같은 한국의 대표 기술 기업들이 스마트폰, 전자제품, 자동차 등에서 세계적인 기술력을 자랑해요.
- 문화: 한국의 전통음식, 한복, 한글 등은 한국만의 독특한 문화를 전 세계에 알리는 중요한 역할을 해요.
- 영화와 드라마: 한국 영화와 드라마는 국제적으로 인기가 많으며, 다양한 장르와 깊은 감정을 담은 이야기로 많은 사람들의 마음을 사로잡아요.

이러한 요소들은 한국을 세계 무대에서 더욱 돋보이게 하며, 한국에 대한 긍정적인 이미지를 만들어내는데 크게 기여하고 있어요.

신문에서는 이렇게 쓰여요

AI데일리   2024년 4월 2일

한국, **소프트파워**로 국제 무대에서 주목 받아

미국의 석학인 조지프 나이 하버드대 석좌교수는 소프트파워를 문화적 매력을 통해 상대방을 설득하는 힘으로 정의한다.

한국은 한류와 기술 분야에서 세계적인 소프트파워를 펼치며 국제적인 관심을 끌고 있다. 특히 한류는 K-팝, 드라마, 영화, 패션 등 다양한 문화 콘텐츠를 통해 전 세계적으로 큰 인기를 얻고 있다. 한국의 아이돌 그룹인 방탄소년단(BTS)을 비롯한 다양한 아티스트들은 전 세계적인 팬덤을 보유하고 있으며, 그들의 활약은 한국 문화의 글로벌한 영향력을 증명하고 있다.

또한 한국은 기술 분야에서도 세계적인 실력을 보여주고 있다. 삼성, LG, 현대와 같은 대표적인 기업들은 스마트폰, 전자제품, 자동차 등의 분야에서 세계적인 기술력을 자랑하며 글로벌 시장에서 강세를 보이고 있다. 특히 5G 기술, 인공지능, 자율주행 자동차 등에 대한 한국의 선도적인 연구와 개발은 국제적으로 큰 주목을 받고 있다.

이러한 한류와 기술의 발전은 한국의 **소프트파워**가 전 세계적으로 두드러지게 나타나고 있음을 보여주며, 한국이 글로벌 문화와 기술의 중심지로서의 역할을 점차 확고히 하고 있음을 시사한다.

내가 쓰는 신문 기사

알파세대

> **2010년부터 2024년** 사이에 태어난 친구들을 말해요.

알파세대는 어릴 때부터 스마트폰이나 컴퓨터와 같은 최신 기술들이 일상의 일부로 자리 잡은 세상에서 자라, 이 기술들을 사용하는 데 아주 능숙해요. 게임을 하거나, 필요한 정보를 찾거나, 친구들과 이야기하는 것 모두 스마트폰으로 쉽게 해결하죠.

알파세대는 전 세계 인구 중에서도 매우 큰 부분을 차지할 거라고 예상돼요. 무려 20억 명이 넘는다니까요! 이들은 인터넷을 통해 세상과 소통하는 데 특히 익숙해서, 이 세대를 특별히 '인터넷 세대'라고 부르기도 해요.

하지만, 스마트폰이나 컴퓨터를 너무 많이 사용하면 문제가 될 수 있어요. 예를 들어, 너무 오래 사용하면 눈이 아프거나, 몸이 좋지 않을 수 있고, 인터넷에는 좋지 않은 정보도 있을 수 있으니까 조심해야 해요. 그래서 이런 기술을 잘 사용하면서도, 어떻게 하면 건강하게 지낼 수 있을지도 생각해 보는 것이 중요해요.

더 알아보기

알파 세대 이전에는 어떤 세대가 있었을까요?

X세대는 아날로그 시대의 마지막과 디지털 시대의 시작을 함께 경험한 사람들이에요. 이 세대는 변화하는 기술을 적응하며 성장했죠.

Y세대, 또는 밀레니얼 세대는 스마트폰과 인터넷이 일상이 된 첫 세대예요. 기술에 익숙하고, 새로운 생각을 받아들이는 게 특징이죠.

Z세대는 디지털 기기와 소셜 미디어 없이는 생각할 수 없는 세대예요. 이들은 온라인에서의 소통과 정보 검색에 매우 능숙해요.

MZ세대는 Y세대와 Z세대를 아우르는 말로, 디지털 기술에 매우 능숙하고 창의적인 면모를 가진 세대를 말해요.

알파세대는 인공지능과 로봇 기술이 일상 속 깊숙이 자리 잡은 시대에 태어난 아이들이에요. 이 세대는 기술을 더욱 자연스럽게 사용할 거예요.

각 세대를 이해하면 서로 더 잘 소통하고 협력하는 데 도움이 돼요.

AI데일리 2023년 6월 6일

알파세대: 미래를 이끌어갈 새로운 세대

알파세대는 2010년대 이후 출생한 세대로, 디지털 기술이 발달한 시대에서 자란 세대를 일컫는다. 이들은 스마트폰, 태블릿, 인터넷과 빅데이터 등과 같은 디지털 기술에 익숙하며, 정보에 빠르게 접근하고 다양한 콘텐츠를 소비하는 경향이 강하다.

알파세대는 기존의 세대들과는 다른 특징을 보이고 있다. 그들은 디지털 환경에서 자랐기 때문에 정보를 빠르게 처리하고 다양한 소통 수단을 적극적으로 활용한다. 또한 창의성과 혁신에 대한 열망이 강하며, 문제 해결 능력과 자율성이 뛰어나다는 점에서 주목받고 있다.

이들은 또한 사회적으로 다양성과 포용성을 중시하는 경향이 있는데, 이는 긍정적인 사회 변화를 이끌어내는 데 기여할 것으로 기대된다. 또한 환경 보호 및 지속가능한 발전에 대한 관심도 높아지고 있어, 미래 사회의 지속가능성을 고려한 행동을 취하고 있다.

알파세대는 미래를 이끌어갈 주역으로 주목받고 있으며, 그들의 능력과 가치가 사회적으로 인정받아야 한다. 따라서 정부, 기업, 교육기관 등이 알파세대의 특성을 고려하여 적절한 지원과 교육 프로그램을 마련하는 것이 필요하다. 이를 통해 알파세대는 미래를 준비하고, 새로운 가치를 창출하여 사회 발전에 기여할 것으로 기대된다.

내가 쓰는
신문 기사

10 인구절벽

> 인구가 **가파르게** 줄어들어요

  인구절벽은 사람들이 점점 더 적게 아기를 낳고, 많은 사람들이 더 오래 살게 되어 일어나는 문제예요. 이런 상황이 계속되면, 일할 사람이 줄어들고, 돈을 벌어들이는 사람보다 돈을 필요로 하는 사람이 더 많아져서 나라 경제가 어려워져요. 또한, 나이 든 사람들을 돌보는 데 필요한 비용이 늘어나고, 경제가 제대로 성장하지 못하는 문제도 생겨요.

  이 문제를 해결하기 위해서는 아이를 낳고 키우기 좋은 환경을 만들고, 부모가 되어도 걱정 없이 일하고 생활할 수 있도록 도와주는 정책이 필요해요. 예를 들어, 아이 돌보기를 돕는 제도나, 직장에서 아이를 키우면서도 일할 수 있도록 배려하는 환경을 만들어주는 것이 중요해요. 이렇게 해서 모든 사람이 행복하게 살 수 있는 나라를 만들어야 해요.

신문에서는 이렇게 쓰여요

AI데일리　　　　　　　　　　　　　　　　　　　　2024년 4월 6일

한국 지방자치단체, **인구절벽**으로 인한 위기에 직면

이미 심각한 수준에 이른 **인구절벽** 문제가 한국의 지방자치단체들에 절박한 위기감을 안겨 주고 있다. 인구 절벽은 주로 저출생과 고령화로 인해 발생하고 있으며, 이는 지방 자치단체들의 다양한 측면에 영향을 미치고 있다.

저출생은 지역 사회의 인구 감소를 가속화하고 있다. 많은 지역에서 출생률이 저조한 상황에서, 지방자치단체들은 미래 세대의 인구 감소와 인구 노령화로 인한 사회 경제적 문제에 직면하고 있다. 또한, 젊은 인구의 부족은 지역의 경제적 발전을 저해하고 지역사회의 활력을 약화시킬 수 있다.

고령화는 지방자치단체의 사회 복지 부담을 증가시키고 있다. 고령 인구의 증가로 인해 건강보험, 노인 복지, 의료 서비스 등과 같은 사회 복지 프로그램에 대한 수요가 크게 증가하고 있다. 이로 인해 지방자치단체들은 한정된 자원 내에서 이러한 서비스를 제공하는 데 어려움을 겪고 있다.

인구 감소로 인해 지방세 수입이 감소하고 공공 서비스 수요는 증가하는 상황에서, 지방자치단체들은 재정적인 압박에 직면하고 있다. 이는 인프라 유지보수, 교육, 문화, 경제 발전 등 지역 발전을 위한 다양한 분야에 영향을 미치고 있다.

이러한 상황에서 지방자치단체들은 국가 위기 상황이라는 절박한 심정으로 정부와의 협력을 강화하고, 새로운 대안을 모색하며, 지역사회의 지속 가능한 발전을 위한 방안을 강구해야 할 시점에 있다.

내가 쓰는 신문 기사

재택근무

> 사무실에 가지 않고 **집에서 일하는 것을 말해요.**

재택근무의 좋은 점:

- 출퇴근 시간 절약: 학교에 가지 않고 집에서 공부하는 것처럼, 출퇴근 시간이 없어서 더 많은 시간을 가질 수 있어요.
- 비용 절약: 버스나 지하철을 타고 다니지 않아도 돼서 교통비를 절약할 수 있어요.
- 편안한 환경: 집에서 좋아하는 옷을 입고, 편한 자세로 일할 수 있어요.
- 가족과 시간 보내기: 가족과 더 많은 시간을 함께 보낼 수 있어요.
- 감염예방: 감염병 확산을 막기 위한 좋은 방법으로 특히, 전염성이 높은 상황에서는 집에서 일하는 것이 안전해요.

재택근무의 어려운 점:

- 소통의 어려움: 동료들과 마주 보고 이야기하지 않고, 컴퓨터나 전화로만 대화해야 하니까 소통하기가 어려울 수 있어요.
- 집중하기 어려움: 집에는 주의를 산만하게 만드는 것들(TV, 반려동물 등)이 많아서 일에 집중하기 어려울 수 있어요.
- 일과 쉬는 시간 구분: 일하는 시간과 쉬는 시간이 정해져 있지 않아서 시간을 스스로 잘 구분하고 관리해야 해요.

성공적인 재택근무를 위해선 집에서도 일정한 규칙을 세우고 이를 가족 모두가 잘 따르도록 해야 해요. 또한, 때때로 컴퓨터나 핸드폰 화면을 벗어나 직접 사람들과 만나 대화하는 것도 중요해요.

신문에서는 이렇게 쓰여요

AI데일리　　　　　　　　　　　　　　　　2024년 4월 3일

재택근무, 새로운 일하는 방식의 부정적 면모들

코로나19의 유행 이후 재택근무가 늘어나면서 일하는 방식에 대한 변화가 두드러지고 있다. 출퇴근 시간이 줄어들어 여유시간을 확보할 수 있다거나, 사무실 임대료, 교통비 등이 절감된다는 점은 재택근무의 큰 장점으로 꼽힌다. 그러나 재택근무가 가지고 있는 단점들도 무시할 수 없다.

집 안에서 근무하는 경우 출퇴근시처럼 업무 시간을 정확하게 지키지 않는 경향이 있어 업무와 가정생활의 경계가 모호해진다거나, 개인의 전기 및 인터넷 요금, 홈 오피스 장비 등 추가적으로 발생되는 비용이 개인의 부담으로 돌아간다거나 하는 점은 재택근무의 단점이다.

무엇보다 대면으로 이루어지는 회의나 업무 협업이 줄어들면서 정보 공유와 의사 결정에 있어서 커뮤니케이션의 부재로 인한 문제가 발생할 수 있다. 또한, 가정 내에서 발생하는 크고 작은 방해 요소들이 업무에 대한 집중도를 저해하기 쉽다.

이처럼 **재택근무**의 부정적인 측면을 고려할 때, 적절한 대응과 조절이 필요하다. 업무와 가정생활의 경계를 명확히 하기 위해 정해진 업무 시간을 지키고, 회사는 재택근무를 위한 기술적 지원을 강화하여 직원들이 추가 비용 부담 없이 업무를 수행할 수 있도록 해야 한다. 또한, 효율적인 소통을 위해 다양한 온라인 협업 도구를 활용하고, 정기적인 화상 회의를 통해 팀원 간의 소통을 촉진해야 한다.

미래의 일하는 방식은 유연성과 다양성을 추구할 것으로 보이지만, 이에 대한 대비와 대응은 반드시 필요하다.

내가 쓰는
신문 기사

크리에이티브 에이징

> 더 즐겁고 건강하게 나이 들어가는 것을 말해요

크리에이티브 에이징은 창의적이고 의미있게 나이들어 갈 수 있도록 하는 하는 방법이에요. 창조적인 활동으로 자아존중감을 높이고 사회에 기여해요. 그림 그리기, 음악 만들기, 춤추기 같은 재미있는 활동은 뇌를 쓰도록 하고, 새로운 것을 배우는 즐거움을 통해 생각을 더 밝게 해줘요.

크리에이티브 에이징의 좋은 점들:

- 뇌를 건강하게 유지해요: 새로운 취미나 예술 활동을 하면 기억력이 더 좋아지고, 생각하는 힘이 커져요.

- 새로운 친구를 만들어요: 함께 그림을 그리거나 음악을 연주하는 모임에 참여하면, 새로운 친구들을 만날 수 있어서 외롭지 않아요.

- 자신감을 줘요: 새로운 것을 만들거나 배우면서 자신이 많은 것을 할 수 있다는 것을 알게 돼요. 이것은 기분을 좋게 하고, 더 행복하게 해줘요.

- 경제적으로도 도움이 돼요: 때로는 취미를 통해 조금의 돈을 벌수도 있어요. 예를 들어, 그림을 팔거나 음악 공연을 할 수도 있어요.

- 스트레스를 줄여줘요: 예술 활동은 마음을 진정시키고, 스트레스를 줄여줘요. 이것은 모두에게 중요하지만, 특히 나이가 들수록 더 중요해져요.

크리에이티브 에이징은 나이가 들어도 여전히 새로운 것을 배우고, 즐길 수 있으며, 중요한 일을 할 수 있다는 것을 보여줘요.

신문에서는
이렇게 쓰여요

AI데일리 　　　　　　　　　　　　　　　　　　　　　　2024년 2월 3일

창의적 노화: 한국 사회의 새로운 변화

한국은 빠르게 고령화 사회로 진입하고 있으며, 이에 따라 '**창의적 노화(Creative Aging)**'에 대한 관심이 높아지고 있다. 창의적 노화는 단순히 나이를 먹는 것이 아니라, 고령층이 사회의 일원으로 활발히 참여하며 자신의 능력을 발휘하는 것을 의미한다.

서울시는 '시니어 창작 프로그램'을 운영하여, 고령층이 미술, 음악, 연극 등 다양한 예술 활동에 참여할 수 있도록 지원하고 있다. 예를 들어, 한 시니어 센터에서는 미술 강좌를 통해 어르신들이 자신만의 작품을 만들고 전시하는 기회를 제공하고 있다. 이러한 프로그램은 고령층의 삶의 질을 높이고, 사회적 소외감을 줄이는 데 큰 도움이 되고 있다.

지방자치단체들은 지역별 특성에 맞춘 창의적 노화 프로그램을 개발하고 있다. 예를 들어, 전라남도는 농촌 지역의 고령층을 대상으로 농업과 연계된 창의적 활동을 지원하여 지역 경제 활성화와 고령층의 삶의 질 향상을 동시에 추구하고 있다.

창의적 노화는 개인의 삶의 질을 높이는 것뿐만 아니라 경제적 가치도 창출할 수 있다. 고령층이 자신의 경험과 지식을 바탕으로 새로운 비즈니스를 시작하거나, 사회적 기업에 참여하는 사례가 늘어나고 있다.

다양한 프로그램과 정책적 지원을 통해 고령층의 삶의 질을 높이고, 경제적 가치를 창출하는 창의적 노화는 한국 사회의 지속 가능한 발전에 큰 기여를 할 것으로 기대된다.

내가 쓰는
신문 기사

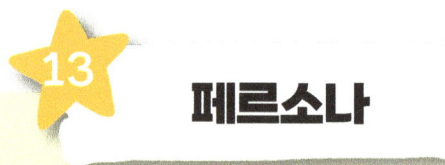

페르소나

> 페르소나는 우리가 다른 사람들과 어울릴 때 보여주는 **다양한 모습이나 가면**처럼 생각할 수 있어요.

여기 몇 가지 쉬운 예를 들어볼게요.

심리학에서의 페르소나

친구들과 놀 때나 선생님 앞에서 어떻게 행동하는지 생각해 봐요. 그때 보여주는 모습이 바로 '페르소나'예요. 이는 우리가 다른 사람들과 잘 지내기 위해 선택하는 행동이나 말투 같은 거예요.

이렇게 다양한 모습을 보여주는 것은 우리가 친구들과 잘 지내고, 학교나 가족처럼 다양한 곳에서 잘 어울릴 수 있게 도와줘요.

마케팅에서의 페르소나

상상해 보세요. 만약 여러분이 장난감을 만들었다면, 누가 이 장난감을 가장 좋아할까요? 이런 상상 속 친구가 바로 '페르소나'예요. 마케팅에서는 이런 상상 속 친구를 만들어서 제품을 더 잘 팔기 위해 노력해요.

이를 통해 회사들은 더 많은 사람들이 좋아할 만한 제품을 만들고, 어떻게 하면 그 제품을 더 많은 사람들에게 알릴 수 있을지 알 수 있어요.

예술 및 문학에서의 페르소나

책을 읽거나 영화를 볼 때, 이야기를 들려주는 사람이나 캐릭터가 있죠? 그들이 바로 '페르소나'예요. 이는 작가가 우리에게 이야기를 전달하는 방식이에요.

이를 통해 우리는 다양한 이야기를 더 재미있고 흥미롭게 경험할 수 있어요. 마치 여러 가지 세계를 여행하는 것처럼요.

페르소나는 우리가 어떻게 서로를 이해하고, 더 좋은 관계를 만들며, 재미있는 이야기를 만들어 낼 수 있는지를 도와주는 중요한 역할을 해요.

더 알아보기

멀티 페르소나(Multi-persona)는 '가면'을 뜻하는 라틴어 '페르소나(Persona)'와 '여러 개'를 뜻하는 영어 '멀티(multi)'가 합쳐진 단어로, 상황에 따라 다른 정체성을 가지는 것을 의미해요.

멀티 페르소나는 마치 여러 개의 모자를 쓰고 있는 것과 같아요. 상황에 따라 우리는 다른 모자를 쓰고, 그에 맞는 역할을 해요. 예를 들어보자면:

- 학교에서의 모자: 학교에서는 학생의 모자를 쓰고, 공부하고 친구들과 어울리는 역할을 해요.
- 집에서의 모자: 집에서는 가족의 한 구성원으로서 모자를 쓰고, 부모님, 형제자매와 함께 시간을 보내며 도와줄 일을 찾아요.
- SNS에서의 모자: 소셜 미디어에서는 또 다른 모자를 쓰고, 친구들과 재미있는 사진이나 이야기를 공유해요.

멀티 페르소나의 유용함

- 다양한 역할 수행: 우리는 한 사람이지만, 여러 가지 다른 일을 할 수 있어요. 예를 들어, 학교에서는 좋은 학생이 될 수 있고, 집에서는 도움이 되는 가족 구성원이 될 수 있어요.
- 소셜 미디어 사용: 여러분이 좋아하는 취미나 관심사에 맞는 다른 계정을 만들어서 친구들과 소통할 수 있어요.
- 프라이버시 보호: 온라인에서 다양한 역할을 통해 자신의 개인 정보를 보호하고, 다른 사람들이 모든 것을 알 수 없도록 할 수 있어요.
- 창의력 발휘: 예술가나 작가처럼 창의적인 일을 할 때, 다양한 멀티 페르소나를 통해 여러 가지 다른 작품을 만들어낼 수 있어요.

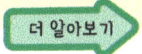

게임과 멀티 페르소나

온라인 게임이나 가상 현실에서는 다양한 캐릭터를 선택해서 각각 다른 모험을 할 수 있어요. 이런 게임에서의 다양한 캐릭터는 멀티 페르소나와 비슷해요. 각 캐릭터로 다른 이야기를 경험하고, 다른 역할을 해볼 수 있죠.

멀티 페르소나는 우리가 매일 다양한 상황에서 다양한 역할을 잘 수행할 수 있게 도와주는 중요한 도구예요. 그리고 우리가 더 창의적이고 다재다능해질 수 있게 도와준답니다!

AI데일리 2024년 4월 27일

페르소나와 마케팅: 맞춤형 전략의 중요성

현대 마케팅에서 '페르소나(Persona)'라는 개념은 점점 더 중요해지고 있다. 페르소나는 특정 제품이나 서비스를 사용하는 가상의 이상적인 고객을 의미한다. 이를 통해 기업은 소비자의 니즈와 행동을 보다 정확하게 이해하고, 맞춤형 마케팅 전략을 수립할 수 있다.

페르소나는 단순한 고객의 프로필이 아니다. 이는 연령, 성별, 직업, 취미 등 다양한 요소를 포함하여 실제 고객처럼 세부적인 특성을 지닌 가상의 인물이다.

페르소나는 시장 조사, 고객 인터뷰, 설문 조사 등을 통해 고객 데이터를 수집하고, 수집된 데이터를 분석하여 공통된 특성과 패턴을 식별한 후, 분석 결과를 바탕으로 가상의 인물을 구체적으로 설정하는 과정을 통해 만들어진다.

페르소나는 마케팅의 다양한 측면에서 활용될 수 있다. 예를 들어, 콘텐츠 마케팅에서는 특정 페르소나의 관심사에 맞춘 콘텐츠를 제작하여 더 높은 참여율을 유도할 수 있다. 또한, 광고 캠페인에서는 페르소나의 행동 패턴을 반영한 타겟팅 전략을 통해 광고 효율성을 극대화할 수 있다.

페르소나 마케팅의 가장 큰 장점은 고객의 니즈를 정확하게 파악하고 이에 맞춘 전략을 세울 수 있다는 점이다. 이를 통해 고객 만족도와 충성도를 높일 수 있으며, 마케팅 효율성을 극대화할 수 있다.

그러나 페르소나 마케팅이 항상 쉬운 것은 아니다. 정확한 데이터를 수집하고 분석하는 과정이 필요하며, 시간이 많이 소요될 수 있다. 또한, 잘못된 데이터나 분석으로 인해 부정확한 페르소나가 만들어질 경우, 오히려 마케팅 전략에 혼란을 초래할 수 있다.

내가 쓰는
신문 기사

FOMO/FOBO

FOMO는 "놓치는 것에 대한 두려움"이라는 뜻이에요. 예를 들어, 친구들이 놀이공원에 갔는데 혼자 집에 남아 있어야 할 때, "나도 같이 가고 싶어! 뭔가 재미있는 걸 놓치고 있는 것 같아!"라고 느끼는 그 마음을 FOMO라고 해요.

주로 소셜 미디어에서 많이 나타나는데, 친구들이 재미있는 곳에 갔다거나 새로운 것을 해보는 사진을 올릴 때, "나는 왜 거기에 없지?"하고 느낄 수 있어요. 이런 느낌은 우리가 모든 재미있는 일에 참여하고 싶어 하게 만들지만, 때로는 우리를 슬프게 하거나 불안하게 만들 수 있어요.

FOMO를 느낄 때 중요한 것은, 모든 사람이 다른 사람들과 다르게 자신만의 특별한 경험을 가지고 있다는 걸 알아차리는 거예요. 우리는 모두 다르고, 모든 것을 경험할 필요는 없어요. 중요한 것은 우리가 가진 것을 즐기고, 우리 자신과 우리의 삶을 소중히 여기는 것이에요.

FOBO는 "더 나은 선택을 놓치는 것에 대한 두려움"을 말해요. 이건 마치 아이스크림 가게에 가서 어떤 맛을 골라야 할지 너무 많아서 결정하기 어려울 때와 비슷해요. "만약 내가 다른 맛을 골랐다면 더 맛있었을까?"라고 생각하면서 결국 어떤 맛을 골라야 할지 못 정하고 계속 고민하게 되는 그런 느낌이에요. FOBO는 우리가 선택할 때,

더 좋은 것을 놓칠까 봐 걱정하게 만들어요. 이 때문에 때로는 아예 결정을 못 내리고 그냥 가만히 있게 만들기도 해요.

FOMO와 FOBO는 비슷해 보일 수 있지만, 조금 다른 점이 있어요. FOMO는 친구들이 재미있는 것을 하고 있을 때, 거기에 참여하지 못하는 것을 걱정하는 거예요. 반면에, FOBO는 선택할 때, 더 좋은 옵션을 놓칠까 봐 걱정하는 것이에요.

이렇게 선택할 때 걱정하지 않으려면, 우리가 결정한 것에 만족하고 그 순간을 즐기는 법을 배우는 것이 중요해요. 모든 선택이 완벽할 수는 없지만, 우리가 결정한 것에서 좋은 점을 찾으려고 노력하면, 더 행복해질 수 있어요!

AI데일리   2024년 2월 2일

FOMO vs. FOBO 선택의 고민, 어느 증후군이 더 위협적일까?

현대인들의 선택 고민은 끝이 없다. 그리고 이 고민의 끝에서 탄생한 두 가지 증후군, FOMO(놓치는 두려움)와 FOBO(더 좋은 선택의 두려움)이 우리 삶을 뒤흔들고 있다. 이들은 우리가 보이는 선택 뒤에 감춰진 미지의 세계를 열어주는 열쇠 같은 존재이며, 이에 대한 우리의 반응은 우리의 삶을 크게 좌우할 수 있다.

FOMO는 소셜 미디어와 연결된 현상으로, 'Fear Of Missing Out'의 줄임말이다. 이 증후군은 우리가 다른 사람들과 함께하지 않는 경험을 놓치는 것을 두려워하는 것으로, 이로 인해 우리는 자주 합리적인 선택보다는 타인과의 비교를 우선시하게 된다. 하지만, **FOBO**는 'Fear Of Better Option'의 줄임말로, 우리가 이미 한 선택을 한 후 더 나은 선택이 있을까 불안해하는 현상이다. 이로 인해 우리는 결정을 내릴 수 없고, 결과적으로는 계속해서 불안과 자책에 시달리게 된다.

두 증후군 모두 우리의 선택을 제약하고, 우리를 고민에 빠뜨린다. 하지만, 이들이 우리에게 주는 교훈은 분명하다. 그것은 '지금 이 순간'이 가장 소중하다는 것이며, 우리가 어떤 선택을 하든 그 선택이 우리 자신의 것이고, 그에 대한 책임은 우리에게 있다는 것이다. 그러니, 우리의 선택에 자신감을 가져보고, 두려움에 휘둘리지 말고 우리의 삶을 즐겨보자.

**내가 쓰는
신문 기사**

UN 국제기구

> 전 세계 여러 나라들이 모여
> **국제 협력과 평화를 유지하기 위해** 만들어진 조직이에요.

UN은 'United Nations'의 약자로, 국제연합이라고 해요. 현재 UN에는 193개 국가가 가입해 있어요. 우리나라는 1991년 9월 17일에 회원국으로 가입했어요. UN은 마치 세계에서 함께 노는 큰 친구들의 모임과 같다고 생각할 수 있어요. 함께 문제를 풀고, 돕고, 모두가 행복한 세상을 만들기 위해 노력하고 있어요.

UN 국제기구에는 크게 세 가지 종류가 있어요.

첫 번째, UN 산하기구는 UN 시스템에 속해 있는 기구를 말해요. 다시 말해, 전적으로 UN에 소속된 기구이기 때문에 거의 모든 업무가 UN 사무국의 통제를 받아 이루어지는 국제기구예요. 가장 대표적인 UN 산하기구로는 아동과 청소년들의 구호활동을 하는 유엔아동기금, 즉 유니세프(UNICEF)가 있어요. 우리나라에서는 피겨 스케이팅의 여왕 김연아 선수가 2010년 7월에 유니세프 국제친선대사로 임명된 후 꾸준히 국내외 어린이들 보호에 앞장서고 있어요.

두 번째는 UN 전문기구가 있는데, UN과 협조관계를 유지하면서 각종 분야의 목적과 임무를 수행하는 국제기구를 말해요. UN 전문기구는 독자적인 회원국 제도를 가지는 자율적인 기구랍니다. 유네스코(UNESCO)로 잘 알려져 있는 유엔교육과학문화기구를 대표적인 UN 전문기구로 들 수 있어요. 유네스코는 교육, 과학, 문화, 정보, 커뮤니케이션 분야에서 국제협력을 촉진하여 세계 평화와 지속가능한 발전에 기여하는 것을 사명으로 하고 있어요.

마지막으로 UN 독립기구는 UN과 협력을 할 뿐, 사실상 UN의 간섭 없이 독자적으로 임무를 수행하는 기구를 말해요. 가장 대표적인 UN 독립기구로는 세계무역기구(WTO)가 있어요. 세계무역기구는 국제적 무역 규칙을 만들고 유지하는 역할을 해요. 이를 통해 각 나라들 간의 무역 분쟁을 방지하고, 공정한 무역환경을 만들어 지구촌의 평화와 안정에 기여해요.

신문에서는 이렇게 쓰여요

AI데일리   2024년 1월 27일

UN, 세계 평화와 발전을 위한 글로벌 친구들의 모임

세계 평화와 발전을 위한 노력의 중심지로 알려진 UN(United Nations)이 지속적으로 더 많은 국가들을 포함하고 있다. 현재 UN은 193개 국가의 회원국으로 구성되어 있으며, 각국은 서로 다른 문화와 역사를 가지고 있지만, 함께 문제를 해결하고 세계의 미래를 모색하고 있다.

한국은 1991년 9월 17일에 UN의 회원국으로 가입하여, 국제사회와의 협력을 강화하고 국제적인 문제에 대한 책임을 다하고 있다. UN은 마치 세계에서 함께 노는 큰 가족이 모여 있는 모임과 같은 존재로 여겨지며, 각 회원국은 다양한 측면에서 지구촌의 평화와 번영을 위해 힘을 모으고 있다.

UN은 세계 각 지역에서 발생하는 다양한 문제에 대응하기 위한 국제기구들을 총괄하고 있으며, 전쟁 예방, 인권 보호, 환경 보호, 전염병 대응 등 다양한 분야에서 활발한 활동을 펼치고 있다. 특히, UN은 전 세계의 국가들이 함께 협력하여 지속 가능한 발전과 공정한 세계 질서를 구축하는 데 큰 역할을 하고 있다.

UN은 세계의 모든 사람들이 평화롭고 행복한 삶을 살 수 있도록 지속적으로 노력하고 있으며, 회원국들과의 협력을 통해 국제사회의 공동 목표를 달성하기 위해 계속해서 전진하고 있다.

내가 쓰는 신문 기사

똑똑하게 신문 속 세상 읽기
어린이를 위한 최신 시사용어 가이드

펴낸날_ 초판인쇄 2024년 7월 30일

글쓴이_ 김순영, 신연우
펴낸곳_ 도서출판 창조와 지식
인쇄처_ (주)북모아

출판등록번호_ 제2018-000027호
주소_ 서울특별시 강북구 덕릉로 144
전화_ 1644-1814
팩스_ 02-2275-8577

ISBN 979-11-6003-751-7 (73070)

정가 16,500원

이 책은 저작권법에 따라 보호받는 저작물이므로 무단 전재와 무단 복제를 금지하며,
이 책 내용을 이용하려면 반드시 저작권자와 도서출판 창조와 지식의 서면동의를 받아야 합니다.
잘못된 책은 구입처나 본사에서 바꾸어 드립니다.